ふくしと教育
SOCIO-EDUCATION AND SERVICE LEARNING

通巻38号　目次

# 特集　子どもの権利をどう守るか《こども家庭庁始動》

ふくし対話　この人と語る

# 子ども・若者アドボカシー

## 子ども・若者に社会参画の機会を

両角達平

もろずみ・たつへい
1988年生まれ、長野県出身。日本福祉大学講師。国立青少年教育振興機構、静岡県立大学の客員研究員。若者の社会参画について、ヨーロッパ（特にスウェーデン）の若者政策、ユースワークの視点から研究。主な著書に『若者からはじまる民主主義』（萌文社）、共訳書『政治について話そう！』（アルパカ）、『若者の権利と若者政策（共著）』（明石書店）がある。
ブログ：Tatsumaru Times
https://tatsumarutimes.com/

×

村上徹也

むらかみ・てつや
大学卒業後、国内でベトナム難民一時滞在施設の１年間ボランティア。その後、バングラデシュで職業訓練施設の運営ボランティアとして３年半の滞在を経て、1989年からボランティア活動推進団体職員。2002年から２年間、米国にてサービスラーニングを研究。その後、コンサルタント、大学教員などとしてサービスラーニング、ボランティア活動、市民活動の推進への関わりを続け、現在は66歳無職。

梶野光信

かじの・みつのぶ
東京都教育庁地域教育支援部主任社会教育主事
大学院修了後、1993年４月に社会教育の専門職として東京都に採用後、主に社会教育施策の企画・立案を担当する。東京都の地域教育プラットフォームづくり、都立高校生の不登校・中途退学未然防止を目指した都立学校「自立支援チーム」派遣事業がある。

**梶野**　今回の「ふくし対話」は、「子ども・若者アドボカシーを語り合う」というテーマで、長らく青少年のボランティア活動に関わってきた村上徹也さんと、いま若者政策論の分野で大注目の研究者である両角達平さんをお迎えして、対談を行わせていただくことになりました。どうぞよろしくお願いいたします。

### ●こども家庭庁の取組の評価

**梶野**　「こどもまんなか社会」の実現を掲げて発足したこども家庭庁ですが、この取組をどのように評価するかについて、両角さんからコメントをお願いします。

**両角**　トータルにみて、ポジティブな流れになっているかな、という評価をしています。

　例えば、これまで曖昧な扱いになっていた「子どもの意見表明権」が法制化された点や子どもが権利行使の主体であることが明確化された点です。

加えて、子どもアドボケイトの視点を入れたり、若者団体からも意見を聴取するというチャンネルを増やした点もよかったのではないでしょうか。

一方で、こども基本法・こども大綱が制定されていくなかで、「こども」という言葉に象徴されているように、子ども政策の中に若者政策が埋没してしまっているのではないか、とも感じています。

**村上**　両角さんの話を聞いていて、気になったのは、「意見表明権」に関することです。

きちんと論理的に考えられるような子どもや若者たち、あるいはそういったことが可能な環境に置かれている子どもや若者たちにとっては、社会参加・参画を進めていく上で重要なことだと思います。

その一方で、私がずっと関わってきた、そのような社会の筋立てに乗れない子どもや若者たちは、果たしてこの文脈に乗っていけるのだろうかという懸念をもっています。

また、子どもと若者の存在は、異質なものだろうと私は考えていて、ある意味、子どもの権利を認めるということは、社会として子どもを守るという感覚で捉えられるのですが、若者の権利といった場合、若者は守られるべきという捉え方ではなく、社会の現状や上の世代に対するアンチテーゼみたいなものを含んでいる必要があると考えています。

こども家庭庁は、そういった若者の固有性をどのように視野に入れているのかな、と感じました。

## ●社会の筋立てに乗れない子ども・若者へのアプローチのあり方

**梶野**　村上さんの話を伺いながら、私は日頃相手にしている、いわゆる教育困難校の生徒たちのことを思い出していました。

**両角**　たしかに、子ども・若者が声を挙げるような活動は、これまであまり重視されてこなかったことや、政府が積極的に関与するということも手伝って、綺麗な表現になりすぎたきらいがあるのではないか、と感じています。本来、民主主義というものは、周縁もしくは外側にあったものが、参画を通じて、徐々に中心に向かってアプローチしていく、泥臭さを伴うプロセスだと私も考えますので、村上さんの指摘には首肯します。私にも違和感がないといえばうそになります。

しかし、このような機会が生まれたこと自体を評価したいというスタンスです。

その一方で、社会の筋立てに乗れない若者たちの声を届けることを、どのように具現化していくかは大きな課題ですね。

そこは、例えば、中間支援をやっている、ユースワークをやっている人だったり、ソーシャルワークをやっている専門職の人たちが入ってくるのかなと思っています。

## ●子どもの意見表明権をどういう形で認めていくか

**村上**　先ほど私が伝えたかったことは、子どもの意見表明権をどういう形で認めていくかという際に、国レベルで子どもや若者の声を集めて、それを集約しデータ化して、それを施策に反映するというやり方自体を私自身が好ましいやり方だと思っていなくて。

私は、もっと生々しい、生活の現実の中で、子どもや若者たちが葛藤しながら成長していくはずなのだから、もっと身近なところで、大人も含めてガチャガチャ意見交換をしていくことを体験していくことの方が大事だと考えています。

その積み重ねが子どもや若者の意見表明として集約され、国の政策に影響を与えていくというイメージをもっているのです。

今日のメンバーで議論していくとしたら、空中戦の議論ではなく、地域や生活課題に根ざした子ども・若者の支援を考えていきたいと考えています。

**梶野**　貴重な問題提起、ありがとうございます。私の問題意識も村上さんと同じです。

東京都でも国よりも1年早く子供政策連携室を設置し、こどもファーストの取組を展開しようとしていますが、子どもの意見を集約する作業を東京都という大都市レベルで展開する難しさについて日々感じていたところです。

## ●ユースワークへの着目

**梶野**　そこで、私たちがいま取り組まなければならないのは、ユースワークをいかにして地域に定着させていくかということです。

先日、両角さんが執筆者の一人として名を連ねた『若者の権利と若者政策』（宮本みち子編、明石書店、2023年10月）という本を読ませていただきました。

両角さんは、その本の「第Ⅲ部　意見表明と社会参画の権利」の第9章で「民主主義を語る若者政策・ユースワークへ」という論文を執筆されています。その論文の中で、ユースワークを**移行型**と**フォーラム型**（5ページの表を参照のこと）という区分を解説されていますが、そのあたりを紹介していただけますか。

『若者の権利と若者政策』

**両角**　**移行型**というのは、一言でいうと、若者が社会に参画していくのを支援するという感じでしょうか。要は子どもから大人に移行していくことを就労支援とか、学習支援といった方法で支援する。その前提には社会があり、それに適応していくという考え方があります。

表　ユースワークの２つのアプローチ

| 型 | 移行（transit） | フォーラム（forum） |
|---|---|---|
| **考え方** | 若者個人を**社会に適応**してもらうための教育や移行の支援 | 社会のあり方や方向性**自体を若者と問い**、議論、社会問題を定義する |
| **具体的な活動** | 就労支援、学習支援、キャリア支援 | 余暇活動、施設運営委員会、ユースカウンシル、生徒組合 |

以下の論文を元に両角が作成
Taru, Marti, Howard Williamson, Filip Coussée.「Youth work in connection to policies and politics」. The History of Youth Work in Europe, Volume4 - Relevance for Today's Youth Work Policy, 4:126–35. Strasbourg, FRA: Council of Europe Publishing, 2014 年 .

もう一つは、**フォーラム型**で、社会という枠組み自体を若者たちと対話しながら変えていく、つまり社会そのもの自体の再定義を視野に入れた取組のことを指します。

　この二つの取組がヨーロッパのユースワーク研究者たちの一つの到達点です。これはどちらかが正しいというのではなく、二つのバランスを取りながら、ユースワークを進めていくことが大事だよということです。

## ●尼崎市の取組に注目

**梶野**　日本におけるユースワークの実践において、注目すべき事例はありますか。

**両角**　私がいま注目しているのは兵庫県尼崎市の取組です。尼崎の取組は、移行型とフォーラム型の二つがうまく機能している自治体だと思います。

**梶野**　ＳＮＳを見ていると、若者支援に関わる人たちの多くが尼崎の取組に注目していることがわかります。具体的には、どのような点を評価されているのでしょうか。

**両角**　現在、尼崎市で理事（こども政策監）を務めている能島（裕介）さんと前市長の稲村（和美）さんがキーパーソンです。能島さんは、私が学生時代からお付き合いをさせていただいています。能島さんは、「ブレーンヒューマニティー」という兵庫県西宮市を中心に大学生が主体となって運営するＮＰＯを設立した方です。

　そこは関西の「カタリバ」みたいな感じで、学生が1億円ぐらいの事業をバンバン回しているのです。この学生団体が職員を雇っていて、その職員が能島さんです。

　具体的な活動としては、学習支援事業や青少年の居場所事業、中高生を対象として国内外でのワークキャンプ事業等の多彩な取組を展開しています。
（https://www.brainhumanity.or.jp/）

ブレーンヒューマニティーの役員等の構成をみると、理事11名のうち、6名が現役の大学生で、専従職員・非常勤職員・アルバイトスタッフを含め、総勢207名のスタッフを抱えています。加えて、尼崎市立ユース交流センターの指定管理団体（尼崎ユースコンソーシアム）の代表も現在の理事長（松本学さん）が務めるなど、公益活動の中核を担っているNPOです。

私は、このNPOは民主主義を具現化している組織だと考えています。

また、前市長の稲村さんも大学在学中に阪神淡路大震災のときにボランティアとして被災者の支援に携わり、神戸大学総合ボランティアセンターを設立した方であり、民主主義とか自治に一生懸命に取り組んできた方です。その稲村市長（当時）から能島さんにユースワークをやろうという提案があり、能島さんが行政に関わることになったそうです。それまでの行政における若者支援は、移行型の取組ばかりでしたから。

尼崎市ユース交流センターを案内する
ユースワーカー今井直人さん

これまでも、能島さんや尼崎のユースワーカーから話を聞いていて、ユース交流センターの現場でも、まちの人の協力が大きいし、交流がすごくあります。

**梶野**　両角さんが「民主主義を語る若者政策・ユースワークへ」という論文（前掲書）で指摘しているように、「社会のあり方自体を若者と問い、議論し、社会問題を定義する」フォーラム型の取組を進めるには、自治体のトップがその意味をきちんと理解しないと、うまく機能しないと思います。

そういえば、私が担当する東京都生涯学習審議会の議論でも、委員の方から「みんなの尼崎大学」の取組が紹介されたことを思い出しました。尼崎市は、子ども・若者支援だけでなく、様々な形で市民主体の民主主義を地域のものとする取組が進んでいるように思います。

**村上**　私が尼崎という地域と出会ったのは、ボランティア活動を推進している人たちとのつながりがきっかけだったように思います。確か1980年代の後半くらいだったかな。当時の私が尼崎というまちに抱いていた印象は、いろんなタイプの市民がいて、みんないろいろ意見を主張するところだな、という印象がありました。はじめに「行政ありき」というのではなく、地域からアクションを起こすという土壌を持っているように感じます。だからこそ、政策もボトムアップで展開できるのではないでしょうか。

地べたでフォーラムをやったら、みんな利害が違うからいろいろもめるに決まっているんだけど、それを全然怖がらない土壌が必要ではないでしょうか。そういう意味では「地域が持っている文化」っていうか、上品に民主主義を語らないところがいい。

あと、私が思うことは、地域の人々が横につながるためには、「ここの地域で住民自治を実現する」というブレない縦軸（ビジョン）があって、その縦軸に支えられながら、市民たちがつながる（横への展開）が可能となるということです。尼崎の取組は、もともとあった地域文化を市民たちが自治的にまとめていくというスタイルが市民の中に滲み込んでいるのではないかと感じます。

**梶野**　お二人の話を伺っていて、地域の人たちが脈々と築いてきた歴史や土壌という基盤に支えられないかぎり、「市民の市民による市民のための民主主義」は実現しないのだな、と思いました。

## ●子ども・若者の権利を守るとは

**梶野**　改めて「子ども・若者のアドボカシーを語り合う」というテーマに戻って、意見交換を進めたいと思います。

私は「子ども・若者の権利を守れ」という主張の仕方よりも、地道に地域の中というか、ローカルな場所で一つ一つ子ども・若者が一人の人格をもった人間として尊重される機会や場づくりが第一に重要で、そのような環境の下で育ってきた子ども・若者たちには自然と権利意識は身に付いていくと思うのですが、いかがでしょうか。

**村上**　子どもの権利と言ったときに抜け落ちる議論で気を付けなければいけないのは、民主主義における権利の裏には義務と責任といったものがあることを忘れてはいけないということです。子どもは大人と同じように権利をもっているのなら、何らかの義務を果たさせようとか、義務を守れなかったときに刑罰を重んじようという流れに安易に持っていこうとする人たちがいることに警戒心を持つ必要があります。

子どもに大人と同様の義務を課すなんてことになったら、子どもなんてやってられないですよね。子どもや若者は逸脱も含めて様々なチャレンジができるじゃないですか。その辺の議論がつながっていない感じがします。

**両角**　そうですね。これまで子どもの権利論や子どもアドボカシーに取り組んできた方たちは、今回のこども家庭庁の発足によって、これまで主張してきたことが、ようやく法律や施策として具現化することになったと考えている方たちが多いように感じます。

それはそれでいいことなのかなと思いつつ、若者政策という観点からみたら、議論がふわついているように見えます。若者の権利はどうなるという話はあまり整理されていないように感じます。

宮本みち子さんは、若者期とは、半自立・半依存の両方が併存する時期であると指摘していますが、それを認めようということから議論が出発していくことが重要かと。

**村上**　自分の立場が変わっていくのが若者なのに、自分が過去に表明した意見が過去の責任としてのしかかってしまったら、よくないでしょ。だから、私は、意見を表明する権利を若者はもっているが、必ずしも自分の言った意見に対して責任をもつ必要はないのではないでしょうか。過去の自分の言動がブーメランのように必ず戻ってくるというのは、すごく生きづらい社会だと思います。

## ●不用意に子どもや若者に「権利」という言葉は使わないほうがよい？

**梶野**　お二人の話を伺っていて感じたことなのですが、若者が成長を遂げていくためには、非日常空間が大切で、日常的な人間関係の中ではないところで、自己を見つめ直したり、新たな経験を積んで自信をつけるなどして、力を蓄えて、日常生活に戻って、これまでの関係性を変えていくチャンスを担保するという観点を権利論の中に盛り込めないか、と考えていました。

**村上**　権利とか義務は、民主主義の中でとても大事な概念だけど、子どもや若者たちには不用意に使うことにはもっと慎重であるべきなのではないでしょうか。

## ●自立ではなく、子ども・若者の社会参画がこれからの時代のキーワード

**両角**　少し話は戻りますが、自立という概念というか、そもそも大人たちも自立できているのでしょうか。脱工業化社会、ポストモダンの時代に入ってきて、自立概念自体があいまいになっているような気もします。

**梶野**　確かに。アメリカの発達心理学者のJ．アーネットは「新成人期」という概念を提唱しているし。

**両角**　昨年、ルーマニアをはじめとした東欧社会を訪問し、いろいろ調査をして分かったことなのですが、旧共産圏の社会だと、単線型の社会では自立という概念は国家・社会に貢献するという位置づけで、ある意味わかりやすかったというか。

このバランスというか社会のフェーズが、やはりそのユースワークとか自立概念とか社会参画の概念を大きく規定しているのかなというようにも思います。

**村上**　私がアメリカに住んでいたときを思い返してみると、あまり自立という言葉は出てこなかったように思います。私は、個人的には両角さんが言っている「若者が社会に参画する」という文脈の方に共感します。

歴史の中で一度徹底した集団社会を

形成した欧州や日本では、自立という概念が幅をきかせていたけど、アメリカはそもそも、まとまっていない（笑）。

私が重要だと考えるのは、移行型であろうとフォーラム型であろうと、考え方としては自立に向けた支援ではなくて、子どもや若者が社会とつながっていく、参画していく支援です。やりがいを感じる形で社会とつながっていくという意味での参画です。参画という言葉は、客観性でなく、主体性に重きを置いています。

最初の話に戻れば、こども家庭庁がいう子どもの意見表明権の内実に子どもや若者の主体性がどれだけ内包されているのか、疑問が残ります。

## ●地域レベルで参画の機会を

**梶野**　いろいろ話を伺ってきましたが、私たちの議論は「子ども・若者の社会参画」という点の重要性を再確認したものとなったかと思います。

最後に、お二人から一言ずつお願いします。

**村上**　最近、民間ベースで子ども・若

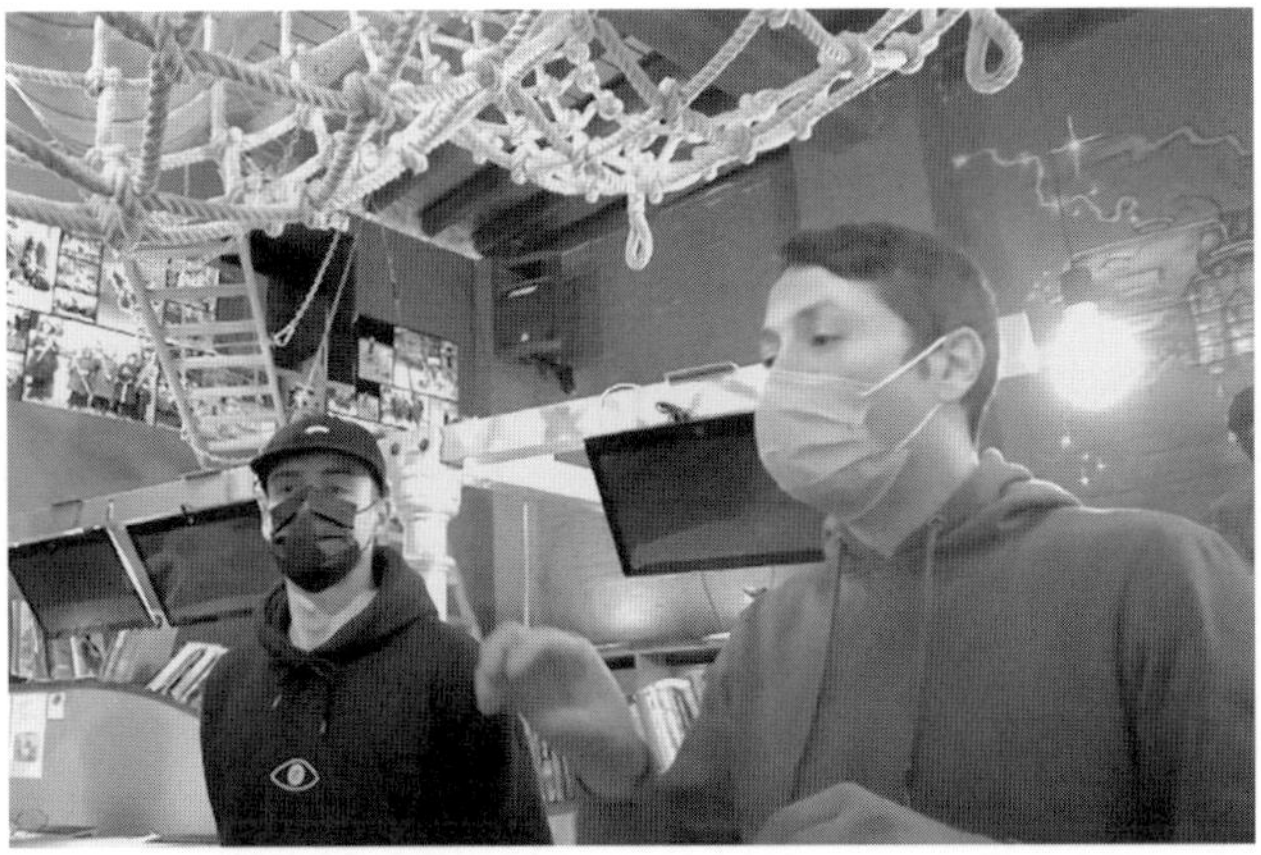
ベルギー、ゲントのユースワーカー

ハンガリー、ブタペストのユースセンターにて

ルーマニア、ブカレストのユースセンターにて

者支援に取り組む団体が活動の評価軸とか、事業効果という言葉を口にしますが、あまり精密に理論化する必要はないと考えます。大事なことは一人ひとりの子ども・若者が社会とどうつながり、参画していくかということに尽きます。

**両角**　スウェーデンの若者政策は本当にシンプルで、中間支援組織にとにかくいっぱい助成金を出しています。口は出さずに資金を出す。簡潔に言えば、アソシエーション、自発結社を社会の中に広げていくことだと思います。

もう一点、重要なのは、若者の活動だったり、参画するとか、意見表明の機会とかは、国レベルではなく、地域とか自治体とか身近なところに増やしていくことだと思います。ユースセンターも同様の視点で地域に展開していくことです。シンプルに考えることだと思います。

## 注・解説

■「子どもアドボカシー」（日本財団HPより）

子どもアドボカシーとは、子どもが意見や考えを表明できるようにサポートすること。英語のアドボカシー（advocacy）は、ラテン語の「voco（声を上げる）」に由来する。

子どもアドボカシーを実践する人を「アドボケイト（advocate）」と言う。

（資料）①川瀬信一「子どもの声を尊重する社会の実現に向けて～子どもアドボカシーの取り組み～」https：//www.cas.go.jp/jp/seisaku/kodoku_koritsu_forum/dai3/siryou2.pdf

②都道府県社会的養育推進計画の策定要領（平成30年7月6日厚生労働省子ども家庭局長通知）https：//www.mhlw.go.jp/content/11907000/000726091.pdf（以下、抜粋）

3. 都道府県推進計画の記載事項

(1) 都道府県における社会的養育の体制整備の基本的考え方及び全体像

(2) 当事者である子どもの権利擁護の取組（意見聴取・アドボカシー）

(3) 市区町村の子ども家庭支援体制の構築等に向けた都道府県の取組

(4) 各年度における代替養育を必要とする子ども数の見込み

(5) 里親等への委託の推進に向けた取組

(6) パーマネンシー保障としての特別養子縁組等の推進のための支援体制の構築に向け た取組

(7) 施設の小規模かつ地域分散化、高機能化及び多機能化・機能転換に向けた取組

(8) 一時保護改革に向けた取組

(9) 社会的養護自立支援の推進に向けた取組

(10) 児童相談所の強化等に向けた取組

(11) 留意事項

4. 項目ごとの策定要領

(1) 都道府県における社会的養育の体制整備の基本的考え方及び全体像

・平成28年改正児童福祉法の理念及び「新しい社会的養育ビジョン」で掲げられた取組を通じて、

「家庭養育優先原則」を徹底し、子どもの最善の利益の実現に向けて、各都道府県における社会的養育の体制整備の基本的考え方と全体像を策定すること。
（計画策定に当たっての留意点）
ⅰ～ⅴ（略）
ⅵ 計画策定は、幅広い関係者の参画の下に行うこと。特に、当事者である子ども（社会的養護経験者を含む。）の参画を得て意見を求めること。その際には、例えば複数人の参画とし、必要に応じて第三者による支援など、適切に意見表明ができるよう留意すること。
(2) 当事者である子どもの権利擁護の取組（意見聴取・アドボカシー）
・措置された子どもや一時保護された子どもの権利擁護の観点から、当事者である子どもからの意見聴取や意見を酌み取る方策、子どもの権利を代弁する方策について、各都道府県の実情に応じた取組を進めること。
・併せて社会的養護に関する施策を検討する際にも、当事者である子ども（社会的養護経験者を含む。）の複数の参画を求めることとし、第三者による支援により適切な意見表明ができるような取組を行うこととする。
・なお、平成28年改正児童福祉法では、児童福祉審議会は関係者からの報告や意見 聴取ができることにするとともに、委員により高い公正性を求めることとした。また、国において、児童福祉審議会や自治体が設置する第三者機関における子どもや 要保護児童対策地域協議会の関係機関などからの申立てによる審議・調査の仕組み など、子どもの権利擁護に関する仕組みの構築に向けて調査研究を行っており、この結果について周知していく予定としている。都道府県においては、これを踏まえて取組を行うこと。

**■「ユースワーク」**

ユースワークは、若者を子どもから大人への移行期にいるすべての人と捉え、若者が権利主体として自己選択と決定が保障される自由な活動の場を若者とともに形成し、若者及び若者と関わる大人やコミュニティ、社会システムに働きかける実践である。
（資料）ユースワーカー養成研究会「ユースワークの定義」立命館大学人間科学研究所、2021年
https：//www.ritsumeihuman.com/wp-content/uploads/2017/04/dbe8bf04d0b5240f6ea3fb7c8d7bab59.pdf

**■「新成人期」または「成人形成期」**

アメリカの発達心理学者ジェフリー・アーネットは、自分の人生に責任をもとうとする主体を重視する立場から、青年期から成人期への移行は単なる青年期の延長ではなく、新しい発達段階としての成人形成期（emerging adulthood）であると提案した。

（文献）①白井利明「ジェフリー・アーネットにとって成人形成期（emerging adulthood）とは何か～発達心理学における社会構造と主体の問題～」大阪教育大学紀要「総合教育科学」第69号、163～174頁、2021年
②井上慧真「『新成人期』とは何か～J. アーネット『新成人期：10代後半から20代への道のりは平坦ではない』～」教育・社会・文化研究紀要、第14号、33～41頁、2014年

巻頭言

# 子ども・若者の権利を実質的に担保するための方法

梶野光信

● profile
かじの・みつのぶ
東京都教育庁地域教育支援部 主任社会教育主事
東京都の地域教育プラットフォームづくり、都立高校生の不登校・中途退学未然防止を目指した都立学校「自立支援チーム」派遣事業を担当する。

2023（令和5）年4月1日にこども家庭庁が発足してから1年経過しようとしている。

国連総会で子どもの権利条約が採択されたのが1989（平成元）年、日本が批准したのが1994（平成5）年のことであるから、30年ほどの年月が経過したことになる。

こども家庭庁発足と同時に施行されたこども基本法第三条（基本理念）第三号には、子どもの意見表明権が、同条第四号には子どもの最善の利益を優先的に考慮する旨の規定が盛り込まれることとなった。

子どもの権利保障を目指して様々な活動・実践を国内で展開してきた民間団体の方たちにとって、こども基本法が制定されたことの感慨はひとしおだろう。

また、児童虐待防止法（2000年）の制定をはじめ、子ども・若者育成支援推進法（2009年）、子どもの貧困対策の推進に関する法律（2013年）、そして、義務教育の段階における普通教育に相当する教育の機会確保等に関する法律（2016年）が制定・施行されるなどの成果があり、18歳選挙権（2016年）や18歳成年制（2022年）など、子ども・若者の権利を保障する法制度的な基盤は整備されてきている。

その一方で、不登校児童生徒数は、平成10年度が約12万8千人だったのに対し、令和4年度には約29万9千人に増加し、児童虐待相談件数も平成10年度は約7千件だったものが令和4年度には21万9千件に増加しているなどからもわかるように、子ども・若者の権利を保障する法制度的整備の動きに反比例して年々悪化しているように思う。

福祉や教育に関わる私たちが考えなければいけないことは、子ども・若者の権利が実質的に担保されているのかを丁寧に把握し、子ども・若者が自身の生活に即して、権利を自らの手で行使する力を発揮できるように支える実践を展開していくことであろう。

私は現在、教育行政の現場で、都立高校生の不登校・中途退学未然防止対応の仕事に取り組んでいる。この仕事に取り組んでから約10年が経過しようとしているが、私と関わりの深い高校生たちは、子ども・若者育成推進法が指摘する「社会生活を円滑に営むうえで困難を有する」若者たちであり、彼ら彼女らの困難さは、多様かつ複合化して、その若者の「特性」という形で表出してくる。

たとえば、生活困窮に起因した困難、幼少期からの被虐体験、いじめ被害などのトラウマ体験、思春期・青年期に顕在化する精神保健的課題（統合失調症、双極性障害、リストカット、摂食障害等）、発達の偏りによる課題などがある。

彼ら彼女らのことを理解するためには、それまでどのような家庭・生活環境、人間関係の下で人生を積み重ねてきたのか、丁寧に生育歴を把握する作業が不可欠となっており、そこから、子ども・若者が権利行使の主体へと成長していく支援を展望することが求められている。

以上述べてきたことは、**「ターゲット」型アプローチ的発想**から、子ども・若者を支援していく視点である。しかし、子ども・若者の〝生きにくさ〟に関する課題は、特定の子ども・若者だけでなく、現代社会を生きる子ども・若者に通底する課題でもある。

教育社会学者の土井隆義は、子どもたちの状況を「親密圏のなかの過剰な配慮」と「公共圏における他者の不在」（『「個性」煽られる子どもたち』岩波ブックレットNo.633、2004、2-14頁）と表現しているが、いまの子ども・若者は友だちとの間に親密的な関係を維持していくために、莫大なエネルギーを費やしているのである。その結果、他者の存在に無関心となるという状況が生じているのだ。

このような状況に置かれている子ども・若者の「自己形成空間」（高橋勝）を担保した**ユニバーサルアプローチ型の支援**をターゲットアプローチの基底に据えることが重要（第11期東京都生涯学習審議会建議「東京都における今後の青少年教育施策の在り方について」2021年を参照）なのである。

評論家の久田邦明氏は、子どもがおとなへと成長するには二つのタイプのおとなの存在が必要であると指摘している。一つは、子どもに正解を教える親や教師タイプのおとな、もう一つは、〝ことの善悪はさておき〟子どもに生きるための知恵を教える近所のおじさん・おばさんタイプのおとなである。つまり、現代社会には後者のタイプのおとなたちと子ども・若者が接する機会が大幅に減少しているのである。

私自身がおとなとして子ども・若者と関わるとき大切にしているのは、〝ことの善悪はさておき〟という視点である。子どもたちがヤンチャなこともやらかすのはある意味当たり前（それこそ、子どもの特性である）で、それを許容し、コミュニティの一員として彼ら彼女らを迎え入れよう（育てていこう）という懐の大きさを示すことが私たちおとなに試されているのである。

「こどもまんなか社会」は、おとなたちが子ども・若者から試される社会でもあることを忘れてはならない。

# 子ども虐待予防支援の課題


山縣文治

● **profile**
やまがた・ふみはる
関西大学人間健康学部教授
公益社団法人家庭養護促進協会理事長。
著書『子どもの人権をどう守るか：福祉政策と実践を学ぶ』（放送大学教育振興会）、『保育者のための子ども虐待Q and A：予防のために知っておきたいこと』（みらい）、『My Voice, My Life　届け！社会的養護当事者の語り』（月刊福祉「My Voice, My Life」企画委員会編、全国社会福祉協議会）等多数。


## 1　本稿の目的

表1は、雑誌『月刊福祉』（全国社会福祉協議会発行）において虐待経験を受け、児童相談所で保護された経験のある若者の声である。なかでも、私の心に刺さったのは、「子どもを産んではいけない」という声であった。虐待は過去や現在の話だけではなく、子どもの将来をも左右する出来事ということである。

虐待発生予防の必要性を否定する人はいないと思う。発生予防のための提案も多くされている。それらを踏まえた取り組みも、公的、私的になされている。しかしながら、児童相談所や市町村が取り扱う子ども虐待相談対応件数は増加の一途をたどっている。本稿は、このような状況を意識しながら、改めて、虐待発生のメカニズムを整理するとともに、予防の視点からその対応のあり方を検討するものである。

表1　社会的養護のものとで育った子どもたちの声

| |
|---|
| ・何をしても叩くんなら、今日の分は早く終わらせてほしい。 |
| ・身体だけそこに置いておいて、心はよそに置き、それを見ている私がいるんです |
| ・私がいるから妹が虐待される。だから私は施設にいる方がいいんです。親もきっとそう思っている。 |
| ・親だけでなく、施設の職員からも、里親からも、児相からも、すべての大人に裏切られてきた。 |
| ・里親か施設かではない、「良い人がいるかどうか」が問題なんです。里親が悪かったら逃げようがない。 |
| ・私は子どもを産んではいけないんです。私のような子どもができたら、子どもがかわいそう。 |

出典：月刊福祉「My voice, My life」企画委員会（2022年）

## 2　予防の視点：循環する予防の4段階

すべての福祉問題においては、発生の予防、早期発見・早期対応、再発の予防という3段階が重視される。筆者は、一般論としては3段階論を受け入れつつも、虐待問題の場合、改めて、リーベル他の5段階論（渡辺２０１５）に立ち返り、新たに4段階の循環論としてとらえる必要があると考えてい

第1次予防
（発生予防）

第2次予防
（早期発見／早期
対応）

第3次予防（重度
化・深刻化の予防
／回復的支援）

第4次予防
（フォローアップ／再発の
予防・見守り）

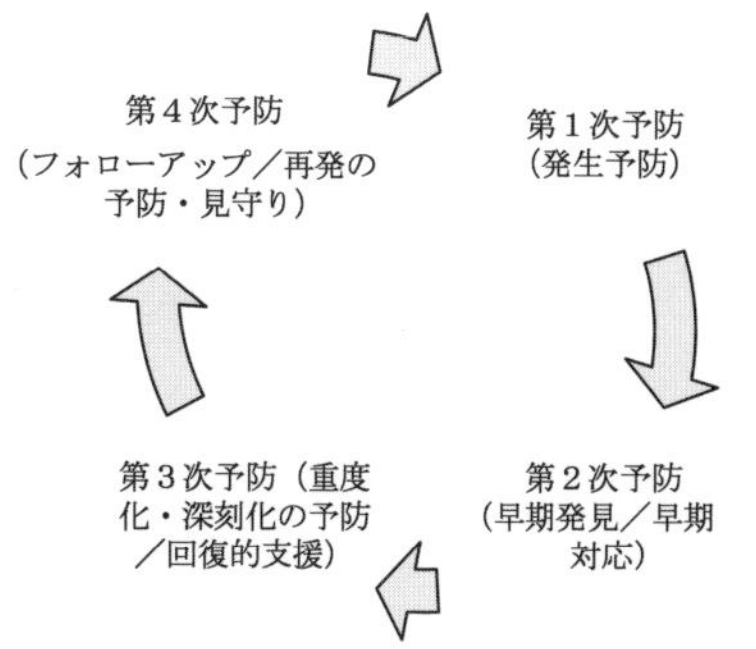

図1　虐待予防支援の4段階　（筆者作成）

る（図1）。見直しの内容は、以下の3点である。

第1は、第2次予防の見直しである。第2次予防は、問題により早く対応することで、それが重度化・深刻化することを防ぐという意味である。早期発見・早期対応は、一般には、軽度な状態なら短期で解消できるというニュアンスで受け止められがちである。子ども虐待は、すでに重度化した状態で発見されることも少なくなく、専門ケアが長期的に必要な場合が多々ある。その結果、早期発見・早期対応としての制度や実践と、重度化・深刻化の予防としての制度や実践は様相を異にすることになる。そこで、重度化の防止を、重度化・深刻化の予防として、新たに第3次予防と位置づけるという考え方である。

第2は、前段で提案した新たな第3次予防に、リハビリテーションを回復的支援と位置づけ、追加するというものである。回復的支援とは、子どもおよび虐待者である保護者を含む家族全体を支援するもので、心身の傷つき、人間関係の崩壊、親族や地域社会・関係機関との対立構造などを回復あるいは改善することを目的とする。

第3は、5段階論では、リハビリテーションのなかに組み込まれている再発の防止を、再発予防として独立させ、その前段階として、フォローアップを明確に位置づけ、両者を総合して、第4次予防とするものである。ソーシャルワークのプロセスにおいては、終結したとしても、フォローアップする必要のある事案は少なくない。子ども虐待の場合、分離保護や一時保護解除後、あまり時間を経ない状況で、死亡や重篤な障がいに至った事案もある。したがって、フォローアップを再発予防のなかに埋没させるのではなく、明確に位置づけることで意識化を図ることを目的としている。

## 3　虐待の発生のメカニズムと「虐待の壺」

### (1)「虐待の連鎖」という用語の危険性

「虐待は連鎖すると聞いたので、きっと虐待してしまう」。虐待を受けた子どもの、このような声は、「虐待の連鎖」という表現には慎重でありたいという思いを筆者に生じさせた。子どもの頃に虐待を受けた人のなかには、子どもの頃に虐待を受けた経験がある人はいる。しかし、子どもの頃に虐待を受けた経験がある人の多くは、少なくとも、通告対象となるような虐待をすることなく、子育てをしている。一方で、子どもの頃に虐待を受けていなくても、虐待をする保護者はいる。重要なのは、「連鎖」を包含しつつも、「すべての人が虐待をする可能性がある」という視点で、虐待の発生のメカニズムを考えることである。

## (2) 「虐待の壺」という考え方発案の契機

困難な生活環境（リスク状況）の中にあっても、何とか生き延びている人がいる。マーク・フレイザー（門永他訳2009）は、リスク要因と防御推進要因という概念を用いて、リスク状況の中でも生き抜いている人たちの特性を明らかにし、支援の在り方を示した。

防御推進要因は、「リスクがある場合に発達結果が不十分になる機会を低減する特性や諸条件」と定義される。すなわち、リスク状況にあったとしても、防御推進要因が機能していれば、問題は生じにくいということである。「ネガティブな連鎖反応を軽減することは、ストレッサーとそれがもたらす結果のつながりを断つことを含んでいる」とも言っている。「ネガティブな連鎖反応」とは、まさに「虐待の連鎖」である。防御推進要因がそれを軽減させるという考え方に準拠すると、「虐待の連鎖」という言葉を用いることなく、虐待発生のメカニズムを示し、支援の在り方を考えることができる可能性がある。

## (3) 「虐待の壺」の概念

大前提として、すべての人は虐待をする可能性があり、それを内包するものとして「虐待の壺」が体内にあると想定する。この壺は、極めて不安定な立ち方をしており、支えがないと倒れてしまい、強い刺激が常態化すると壊れることもある。

壺の中には、虐待の発生を抑制する要因（●）や、誘発する要因（☆）が入っている。発生抑制要因は、防御推進要因に相当し、壺が傾かないように、壺を支えている。

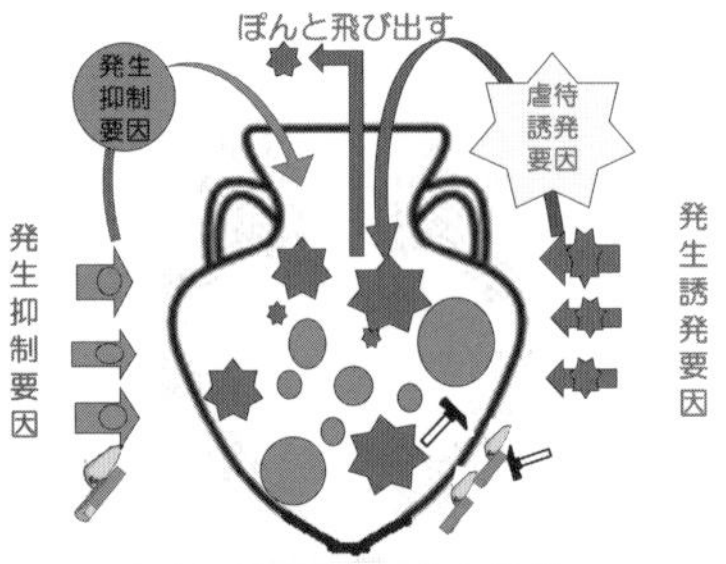


図2　発生抑制要因が優位な状態

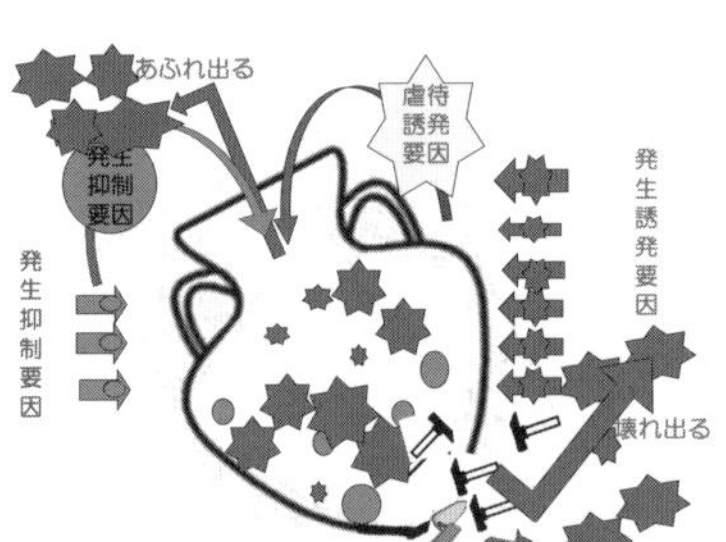


図3　発生誘発要因が優位な状態

発生誘発要因は、リスク要因に相当する。これは、壺の内部で暴れることもあるし、外部環境から壺を揺らすようにぶつかってくることもある。虐待を受けて育った子どもには、この発生誘発要因が多く含まれていると考えられる。

壺の中に入ったそれぞれの要因は、結合したり、増殖したりすることで、より大きな要因となることもある。発生抑制要因の増殖は、環境や制度からの支援により加速する。

## (4) 虐待発生のメカニズム

### ①ぽんと飛び出すパターン

壺の中に新たな発生誘発要因が飛び込んだ弾みで、一部が壺から飛び出し、単発的な虐待や体罰行為が生じるものである。ただ、それらは、虐待行為や体罰に当たるとしても、陰湿ではなく、軽度であり、かつ一時的なものである（図2）。

②あふれ出るパターン

外部環境としての発生抑制要因より、発生誘発要因の機能の方が優位で、壺が傾くことで、虐待誘発要因が連続してあふれ出るパターンである（図3の上部）。このような状況になると、外部の発生抑制要因を集中的に投入し、傾きを修正しなければ虐待が頻発することになる。時には親子の分離ケアも必要となる。

③壊れ出るパターン

壺の内外にある発生誘発要因の攻撃により、発生抑制要因が補修を試みているにもかかわらず、壺が壊れ、そこから発生誘発要因があふれ出ることで、虐待を起こすパターンである（図3の下部）。外部から発生抑制要因を多く投入しても、壺の傾きを直すのが精一杯で、虐待は収まらない状態になる。壺の内部も発生抑制要因が発生誘発要因に侵襲されており、原則として分離ケアとなる。

## 4　虐待予防支援の意味

予防は、発生抑制要因の配置、強化を意味する。たとえ発生誘発要因が存在しても、保護者の内部や保護者を取り巻く環境に存在する発生抑制要因がそれ以上に機能する状況であれば、虐待の発生そのものを抑えることができる。また、保護者の内部や保護者を取り巻く環境に存在する発生抑制要因を強化することにより、早期発見・早期対応ができる。

逆に、発生誘発要因が少ない場合でも、発生抑制要因が十分に機能していなければ、虐待は発生する。ましてや、発生誘発要因が増殖している状況では、発生抑制要因そのものの機能が押さえ込まれ、虐待が頻発したり、エスカレートしたりする。このような状況では、本来発生抑制要因であったものが、発生誘発要因に転化することもある。

虐待予防支援において重要なのは、発生誘発要因の排除あるいは弱体化以上に、発生抑制要因の配置、および発生抑制要因と虐待者の友好的関係の強化である。これは、虐待を受けた子どもに対する支援においても同様で、このような支援を長期的に受けることで、自らが保護者になったときに、虐待をしない子育てに近づく可能性が高まる。

虐待は発生そのものを防止しなければならない。しかしながら、現実にはこれをゼロにすることは困難である。したがって、発生予防以降の循環を通じて、これに対処することが現実的な対応と考えられる。

### 引用・参考文献

月刊福祉「My voice, My life」企画委員会（２０２２）『My Voice, My Life　届け！社会的養護当事者の語り』全国社会福祉協議会
月刊福祉（２０１５年５月号以降各月号）「My voice, My life　社会的養護当事者の語り」全国社会福祉協議会
門永朋子・岩間伸之・山縣文治訳（２００９）『子どものリスクとレジリエンス』ミネルヴァ書房（Mark W. Fraser（2006）、Risk and Resilience in Childhood: An Ecological Perspective、NASW Press）
渡辺修一郎（２０１５）「予防理学療法における老年学的アプローチ」理学療法学第42巻第8号（Leavell & Clark（1953）, Textbook of preventive medicine, McGraw-Hill）。

# 子どもの声を聴く意味

## こども基本法施行をとおして考える子どもの意見表明・参加のあり方

林　大介

● profile
はやし・だいすけ
浦和大学社会学部現代社会学科　准教授
高校生時代(1993年)の子どもの権利条約との出会いを機に、子どもの権利保障・子ども参加・シティズンシップ教育等に取り組む。監修『声をあげよう、社会は変えられる－子どもが政治参加する方法』(PHP研究所、2023年）等。

### 1　〝忖度する主体〟を育む日本社会

国立青少年教育振興機構が2020年に実施した「高校生の社会参加に関する意識調査報告書－日本・米国・中国・韓国の比較－」[※1]によると、日本の高校生は、「社会問題は自分の生活とは関係ないことだ」と考えている割合が2割未満で中国に次いで低く、「私個人の力では政府の決定に影響を与えられない」「政治や社会より自分のまわりのことが重要だ」「現状を変えようとするよりも、そのまま受け入れるほうがよい」「政治や社会の問題を考えるのは面倒である」と考えている割合が、いずれも4か国中最も高くなっている。

日本社会は、他者と異なっていても、自分が思ったり考えたことを安心して表明できる環境がない。周りの目や周囲の評価を過剰に意識してしまうことで、「忖度する主体」を育む風潮がまん延し、その結果が表れているのであろう。

### 2　こども基本法の意義と行政施策への子どもの意見の反映

日本は、1994年に子どもの権利条約（以下「条約」）を批准したものの十分な法整備等がされていなかった。そのため、国・自治体を含むあらゆるレベルで子どもの最善の利益や意見表明参加の機会確保が国際的にも国内的にも求められていた中、2022年6月15日、「こども基本法」と「こども家庭庁設置法」が国会で可決成立し、2023年4月1日から施行となった。[※2]

こども基本法の概要は、次の図表のとおりである。

そして、こども基本法において、子どもの意見表明・参加

図表：こども基本法の概要

**目的**

日本国憲法及び児童の権利に関する条約の精神にのっとり、次代の社会を担う全てのこどもが、生涯にわたる人格形成の基礎を築き、自立した個人としてひとしく健やかに成長することができ、こどもの心身の状況、置かれている環境等にかかわらず、その権利の擁護が図られ、将来にわたって幸福な生活を送ることができる社会の実現を目指して、こども施策を総合的に推進する。

**基本理念**

① 全てのこどもについて、個人として尊重されること・基本的人権が保障されること・差別的取扱いを受けることがないようにすること
② 全てのこどもについて、適切に養育されること・生活を保障されること・愛され保護されること等の福祉に係る権利が等しく保障されるとともに、教育基本法の精神にのっとり教育を受ける機会が等しく与えられること
③ 全てのこどもについて、年齢及び発達の程度に応じ、自己に直接関係する全ての事項に関して意見を表明する機会・多様な社会的活動に参画する機会が確保されること
④ 全てのこどもについて、年齢及び発達の程度に応じ、意見の尊重、最善の利益が優先して考慮されること
⑤ こどもの養育は家庭を基本として行われ、父母その他の保護者が第一義的責任を有するとの認識の下、十分な養育の支援・家庭での養育が困難なこどもの養育環境の確保
⑥ 家庭や子育てに夢を持ち、子育てに伴う喜びを実感できる社会環境の整備

**責務等**

○ 国・地方公共団体の責務　○ 事業主・国民の努力

**白書・大綱**

○ 年次報告（法定白書）、こども大綱の策定
（※少子化社会対策/子ども・若者育成支援/子どもの貧困対策の既存の3法律の白書・大綱と一体的に作成）

**基本的施策**

○ 施策に対するこども・子育て当事者等の意見の反映
○ 支援の総合的・一体的提供の体制整備
○ 関係者相互の有機的な連携の確保
○ この法律・児童の権利に関する条約の周知
○ こども大綱による施策の充実及び財政上の措置等

**こども政策推進会議**

○ こども家庭庁に、内閣総理大臣を会長とする、こども政策推進会議を設置
① 大綱の案を作成
② こども施策の重要事項の審議・こども施策の実施を推進
③ 関係行政機関相互の調整　　等
○ 会議は、大綱の案の作成に当たり、こども・子育て当事者・民間団体等の意見反映のために必要な措置を講ずる

**附則**

施行期日：令和５年４月１日
検討：国は、施行後５年を目途として、基本理念にのっとったこども施策の一層の推進のために必要な方策を検討

（出典：内閣官房資料）

について以下のように定められたことは、大きな一歩である。
・すべての子どもについて「自己に直接関係する全ての事項に関して意見を表明する機会及び多様な社会的活動に参画する機会」を確保すると定め（こども基本法3条3項）、子どもの意見表明・参加を広く推進していく必要性を確認。
・こども施策の策定・実施・評価にあたって、当事者である子どもの意見を反映させるために必要な措置を講じなければならないとし（同11条）、こども政策推進会議による「こども大綱」案の作成にあたっても子どもなどの意見を反映させるために必要な措置を講ずると明文化（同17条3項）。

当然地方公共団体も、こども基本の理念にのっとり、こども施策に関し、国及び他の地方公共団体との連携を図りつつ、その区域内におけるこどもの状況に応じた施策を策定し、及び実施する責務を有し（同5条）、都道府県こども計画、市町村こども計画（同10条）を策定することが求められる。

## 3　主権者である子どもの〝意見〟とは

こども基本法では、「こども」を年齢で区切らず、「心と身体の発達の過程にある人」（同2条1項）と定義している。民法では18歳からを成人と定めており、18歳未満の子どもは未成年となるが、18歳未満の子どもは有権者ではなくても、主権者である。憲法で定めている「国民主権」には年齢規定はなく、生まれたばかりの0歳の赤ちゃんであっても主権者

であることは言うまでもない。

また、「意見」というと、日本ではどうしても「理路整然とした主張」を求め、うまく表現できなかったり、伝えることができなかったりすることへの恥ずかしさから、口を閉ざしたり、話すことを躊躇したりして、結局、自分の「意見」を表明する機会が奪われている。

しかし、そもそも子どもの権利条約における「子どもの意見の尊重」は、「Respect for Children's Views」である。〈Opinion（いわゆる「理路整然とした主張」）〉ではなく、〈Views（自分が思い描いたこと）〉が「意見」である。3歳は3歳なりに、小学5年生は5年生になりに、高校生は高校生なりに自分で思い描き、考えている。そうした「思い描いたこと＝Views」を伝えていくことを積み重ねることによって、自分の想いの伝え方を学び、Views が Opinion へと変化していく。つまり、自分が感じたこと、想ったことも「意見」であり、それであれば誰だって「意見」を持っている。

だからこそ、子どもを半人前扱いし続け、成人になったとたんに「あとは自己責任で！」とするのではなく、子どもも一人の人間としてきちんと尊重されることが、社会の担い手を育てるためには不可欠である。当然、各自治体においても、こうした視点で市民である子どもや若者と向き合うことが求められる。

## 4　自治体における子どもの意見表明・参加の状況

こども基本法を受けて、こども家庭庁設立準備室は、「こども政策決定過程におけるこどもの意見反映プロセスの在り方に関する調査研究」を実施した。この調査研究においては、国内における子どもの意見表明・参加の先進事例を取り上げている。そして、年齢や発達段階あるいは声をあげにくい子どもへの対応、日常からの子どもとの接し方、取り組みの成果等についてもとりまとめている（報告書は、２０２３年３月に公表[※3]）。

また、こども家庭庁は、２０２３年度には「多様なこども・若者の意見を聴く在り方及びこどもの意見反映に関する行政職員の理解・実践に向けたガイドライン作成のための調査研究」を実施している。[※4] 都道府県や政令指定都市におけるこどもや若者の意見反映や社会参画の取組についてのアンケート調査によると、「審議会等への採用」、「常設の会議体、ＳＮＳによる意見聴取」、「施設（児童館等）での意見交換」など相対的に多岐にわたるが、市区町村における取組は「アンケート、ＳＮＳによる意見聴取」が多くなっている。さらに「施設の運営検討」を除いていずれの意見聴取でも、子どもにフィードバックを実施している取組は半数に満たない。行政職員向けに子どもの意見を聴くための研修を実施している割合は、人口規模30万人以上の自治体で約23％、30万人未満では1割以下と非常に低い状況にある。

当然、自治体の規模や環境によって、子どもの意見表明・参加の位置づけも異なってきているが、子どもを〈一人の市民＝主権者〉としてきちんと位置付け、そのまちで生活している当事者としての促しを行うことによって、社会への参画意識が高まることを示している。

## 5 当事者が声を挙げることが「社会参画」につながる

長野県松本市では、2016年春に松本工業高校の1年生が市議会に請願をした。「最寄り駅から学校までの途中に自転車の専用道があるが、路上駐車している車のせいで自転車専用道路なのに使えないのでなんとかしてほしい。」という請願内容で、市議会は採択した。請願制度は憲法16条で保障されており、授業で学んだからこそ実際に行動に移すことができた。

2019年の秋には、東京都板橋区の小学生による陳情が話題になった。区の方針変更にともない、今までサッカーなどボール遊びができていた広場で急にボール遊びができなくなった。そこで小学生は「ボール遊びができる公園を整備してほしい」「子どもが関係する施策を実施する際は、子どもからの意見も聞いてほしい」など5項目の陳情を区議会に対して行った。区議会では、4つの陳情が採択され、1つが保留となった。※5

自分たちのまちの身近な問題について「おかしいな」と思ったことに声をあげ、議会が声を聴く。有権者ではない子ども時代に、議会に対して実際に意見行使を行うことで、議会や政治が身近なものになるのは間違いない。住民であり、市民であり、主権者である子どもが、一人の人間として子ども時代から地域づくり、社会づくりに関わることが、市民性の意識を醸成することにつながる。子ども・若者の力をまちづくりに活かすことは、民主主義を実践することとなる。まさに、「地方自治は民主主義の学校」（J・ブライス）である。

校則も含め、子どもが生活している身近な環境において、その環境を良くしていくためにどうしたら良いのか、どのようにルールを変えたら良くなるのか。子どもたちが、安心して自分の想い（Viwes）を伝え、そして、聴いてもらえる経験を、子どもにとって身近な地域の中で保障し、後押ししていくことが重要である。

(注)

※1 高校生の社会参加に関する意識調査報告書　https://www.niye.go.jp/kenkyu_houkoku/contents/detail/i/151/

※2 こども家庭庁　こども基本法　https://www.cfa.go.jp/policies/kodomo-kihon/

※3 こども政策決定過程におけるこどもの意見反映プロセスの在り方に関する検討委員会 調査研究報告書 https://www.cas.go.jp/jp/seisaku/ikenhanei_process/index.html

※4 こども家庭庁「多様なこども・若者の意見を聴く在り方及びこどもの意見反映に関する行政職員の理解・実践に向けたガイドライン作成のための調査研究」　https://www.cfa.go.jp/policies/iken/guideline/

※5 NHK「僕らがちんじょうしたわけ」2019年12月17日　https://www.nhk.or.jp/shutoken/wr/20191217.html

# ヤングケアラー・若者ケアラーへのまなざしを

## 周囲の気づきと安心して話せる場の必要性

田中悠美子

● profile
たなか・ゆみこ
一般社団法人ケアラーワークス代表理事、一般社団法人日本ケアラー連盟理事
博士（社会福祉学）。若年性認知症の本人と家族への支援実践を契機に、ケアをする子ども世代について着目する。現在は、ヤングケアラー・若者ケアラーについての相談支援、研究、政策提言などを行う。

### 1　はじめに

私は、大切な人をケアしている人も大切な存在として、社会で支えあえる環境づくりを重要だと考え、ヤングケアラー・若者ケアラーを中心に、サロンや勉強会、相談活動などを通じて、支えあいの活動を行っている。今回は周囲の気づきと安心して話せる場の必要性について、具体的な活動を踏まえて述べていきたい。

### 2　政策課題として動き出したヤングケアラー支援

ケアラーは、ケアを必要とする人の傍や背後で支えている存在なため、注目がされにくい。介護や医療の支援者の多くは、当然ケアや治療が必要な人の対応を行うことが主になり、その人の家族の立場は、ケアが必要な人のキーパーソンとしての役割を担うことになる。

令和3年3月に立ち上がった厚生労働省と文部科学省との共同で行われた「ヤングケアラーの支援に向けた福祉・介護・医療・教育の連携プロジェクトチーム」の報告において、ヤングケアラーについて、早期発見・把握、相談支援など支援策の推進、社会的認知度の向上などに取り組むことを示している。これ以降の3年間は、ヤングケアラー施策を集中的に行うとして予算をつけた。それによって、各自治体で普及啓発や実態調査、相談窓口の設置、ヤングケアラー・コーディネーターの配置等の施策が推進されている。

国が積極的なヤングケアラー支援を推進していくことは、これまで注目されてこなかったことを見ようとする動きとなり、追い風となっている。

## 3　ヤングケアラーの概念と支援の方向性

ヤングケアラーの定義については、令和6年1月現在、法令上の定義は定められていない。厚生労働省やこども家庭庁は、ヤングケアラーを「本来大人が担うと想定されている家事や家族の世話などを日常的に行っている子ども」とした。

そして、令和5年12月22日に示された「こども大綱」においても、ヤングケアラーの支援の方向性が示されている。「福祉、介護、医療、教育等の関係者が情報 共有・連携して、早期発見・把握し、こどもの意向に寄り添いながら、必要な支援につなげていく。家族の世話などに係る負担を軽減又は解消するため、家庭に対する適切なアセスメントにより世帯全体を支援する視点を持った対策を推進する」とある。

（一社）日本ケアラー連盟では、ケアラーの概念を『心や体に不調のある人へ「介護」「看護」「養育」「世話」「気づかい」など、ケアを必要とする家族や近親者・友人・知人などを無償でケアする人たちのこと』としている。ケアの捉え方は、身体的な介護だけでなく世話や気遣いなど幅広い。

見守りや話を聴くこと、感情面のサポートも重要なケアの一種である。ヤングケアラーかどうか厳密な判断に捉われることなく、その子ども自身が負担や苦悩を感じている、あるいは、感じるかもしれない可能性から、見過ごすことなく対応することが大切である。

## 4　ケアをする人の気持ちを汲み取って

ヤングケアラーは、ケアラーである前に、成長途中の子どもであり、また、若者ケアラーは、ケアラーである前に、自分の人生を歩み始めたばかりの若者というまなざしをもって接することが望ましい。

ケアラーは全世代で多様であり、子ども期から青年期、社会人としての大人に至るまで、切れ目なく包括的な「ケアラーの人生への支援」が必要である。実際の支援にあたっては、各時期にある生活課題や支援ニーズに留意する必要がある。そして、何よりも重要なことは、本人がどのように捉えているかを理解し、気持ちを汲み取りながら、自分の人生を自分らしく生きていくことを尊重していくことである。

## 5　ケアラーが集う活動を始めるきっかけ

２００９年より都内で若年性認知症本人と家族が集う場を運営していた筆者は、ある若者ケアラーの声から子ども世代の集う場を開始することになった。「子ども世代で話がしてみたい、他の子ども世代はどう過ごしているんだろう」ということだった。当時、子ども世代に特化した集まりはなかったため、親世代にチラシを配り、子ども世代に呼びかけをした。数名の方に子ども世代のつどいのお誘いをして、２０１２年12月に初めての子ども世代で集まって交流ができた。

その後、筆者は若年性認知症のケアラーの実態を明らかにしたいと研究に取り組んだ。筆者（田中、２０１４）が行った家族会に参加している介護者を対象にした調査（N＝１７４）によると、配偶者が92％、子どもが４％、親・きょうだい・その他４％であった。家族会というインフォーマル（私的）なサポートにつながっているケアラーは、圧倒的に配偶者が多いという状況で、子ども世代のケアラーに出会い、声を聞く機会は稀である。そこで、若年性認知症の親と向き合う子ども世代の生活課題について（田中、２０１８）、若年性認知症の特徴と子ども世代の実態をもとに考察を行った。その中で、若者ケアラーが周囲の人に気持ちを打ち明けることができずに、ひとりで悩みを抱え、孤立してしまうリスクがあるということがわかった。その孤立を防ぐために、相談しやすい環境や他のケアラーの話を聴く場、共有できる場をつくる必要があること、そして、情報が得られやすいインターネットやSNSなどの活用の必要性が考えられた。

## 6　ピアでつながり支えあう場づくり

子ども世代同士で交流をしているグループ「まりねっこ」について紹介する。初めて子ども世代のつどいを実施して以降、３か月に1回のペースでつどいを行っている。東京だけでなく、埼玉、神奈川、群馬と口コミでつどいの場を知り、つながった子ども世代は約50名になり、全国にネットワークが広がってきた。そして、子ども・若者ケアラーへの支援施策の高まりも踏まえて、２０２２年２月に一般社団法人ケアラーワークス（東京都府中市）を設立した。

現在の「まりねっこ」の活動状況としては、年に４回の交流事業と普及啓発事業（講演会、シンポジウム、講師派遣）を行っている。

交流事業では、子ども世代同士が安心して話ができる環境づくりに配慮して、交通の利便性の良い都心の個室の会場を設定し、リラックスした場づくりを心がけている。コロナ禍では対面の活動を自粛し、オンラインでの交流を続けている。オンラインによって、場所を選ばずに参加できるので、関東だけでなく、関西や九州、北海道、そして、イギリスからアクセスがあった。また、各地に子ども世代が集える拠点が広がっている（図１）。

図１　各地のピアサポートグループ

最近の参加者は10名程度で、年齢も20代から40代まで幅広く、個々のライフステージによって学業や仕事、結婚や妊娠、育児についてなどの豊富な話題が共有されている。そして、親の介護に関する話題は尽きることはない。認知症の初期の段階から終末期の段階の方まで、置かれている状況は人それぞれであり、看取りを終えた方も参加している。親のケアについて情報交換をしつつ、子ども世代として気持ちの分かち合いはとても重要な機会となっている。

## 7 子ども・若者が安心して話せる場の必要性

ヤングケアラーや若者ケアラーの相談支援の場や窓口は、各地で体制整備されるようになってきているが、一つの部署・機関だけで完結せず、支援者や支援機関の横断的なつながりがないとその効果は発揮しにくいと感じている。なぜなら、その家庭には、複合的な生活ニーズが存在しているからだ。また、ケアが必要な人への公的な支援サービスは、各法令に基づき提供されるため、各部署での対応ができても、その範囲を超えると対応がしにくい。ケアラーを含めた世帯全体の支援を展開できる関係機関の連結や連携が必要となってくる。

相談窓口を開設しても、子ども・若者に認識してもらわないことには始まらない。子ども・若者にとって、安心や信頼できる存在でないと一歩が踏み出せない（大人も同じである）。話を聴く側がどのような人なのか、知ってもらうことが重要となる。そこで、まずは子ども・若者にチャンネルを合わせていくべく、SNS（LINE, Instagram, TikTok）を活用したつながれるきっかけづくりを行うことにした。

図2　LINE相談事業「けあバナ」

一例を紹介する。東京都のヤングケアラー相談支援等補助事業の一環で、SNSを活用したLINE相談「けあバナ」（図2）を令和5年1月に開設した。平日17時から22時の時間帯にケア経験のある相談員を配置し、LINEチャットにて、感じていること、日々の出来事などを共有できるような体制を整えた。現在、約230名が登録。高校生や大学生、若者ケアラーの利用がある。かしこまった相談というよりも、友達感覚でおしゃべりするような場を目指している。

## 8 おわりに

ケアをしている子どもの存在や思いに気づくことからサポートが始まる。

教育の現場は、児童生徒が学び、成長していく姿を間近で見届けることができると考える。教員との信頼関係の中で、教員のまなざしやちょっとした一言が、その児童生徒の心や人生を支えることができる。家族は、なかなか話しにくいが、周囲の人が気にかけて、その子の思いに寄り添った言葉かけをして、話すきっかけを提供してほしいのだ。

参考文献
・田中悠美子（2014）「若年性認知症者の総合支援システムの構築に向けた研究ー実態調査から見えてきた生活課題の解析を基にー」日本社会事業大学大学院、平成25年度博士論文
・田中悠美子（2018）「若年性認知症の親と向き合う子ども世代の生活課題について」『まなびあい』第11巻、立教大学コミュニティ福祉学部、143ー149頁。

# 逆境的体験を経て大人になる子どもの自立支援

石田賀奈子

● profile
いしだかなこ
立命館大学産業社会学部教授（家族関係論）
児童養護施設、児童相談所での勤務経験を経て、大阪府教育委員会等でスクールソーシャルワーカーとして子どもや家族の支援に携わる。神戸学院大学講師、立命館大学産業社会学部准教授を経て現職。

## はじめに

社会的養護は、保護者の適切な養育を受けられないこどもを、公的責任で社会的に保護、養育するとともに、養育に困難を抱える家庭への支援を行うものである。[※1] Goodmanは、「児童養護施設の働きが成功したかどうか判定する最も重要な目安は、退所後に子らがどうなるかということ」であると指摘する。[※2] 大学進学や就職は、社会的養護の枠組のなかでは支援のゴールとらえることができる。しかし、児童養護施設や里親家庭で育った児童が、安定した生活を自らの力で維持することは非常に難しく、社会的養護を経験した若者（ケアリーバー）への支援はソーシャルワーカーの重要な課題である。

## 1　社会的養護のアフターケア

児童養護施設を退所した児童のアフターケアは、２００４年の児童福祉法改正によって施設の業務の一環に位置づけられている。[※3] しかし、アフターケアの実践における市町村との連携は難しく、退所後の地域の支援機関との連続した支援体制には課題が指摘されている。[※4] また、大学進学率や正規雇用への就業率の低さ、生活保護受給率の高さなどの退所後の生活状況の困難も報告されている。[※5] ２０１６年の児童福祉法改正では18歳以上の者に対する支援の継続が明記され、社会的養護自立支援事業などが整備された。[※6] また、２０２２年6月に国会で可決された改正児童福祉法案[※7]では、児童養護施設を退所した若者を対象とした自立支援について年齢制限が撤廃されることとなった。こうした動きによって、必要に応じて成人後も継続した支援が受けられるようになったが、ケアニーズの高い若者がそうした支援とつながり続けることは難しい。幼少期の経験は、成人期の心身の健康に作用することが明らかになってきており、人を信頼し、相談する力の獲得にも影響を及ぼすからである。

## 2 幼少期逆境体験とは

幼少期逆境体験（Adverse Childhood Experiences、以下、ACEs）とは、子どもが18歳までに経験する虐待、貧困、親の精神疾患、家庭内暴力、離婚や別居や親の服役等による親の不在体験といった家庭内での体験をいう。Felittiらは

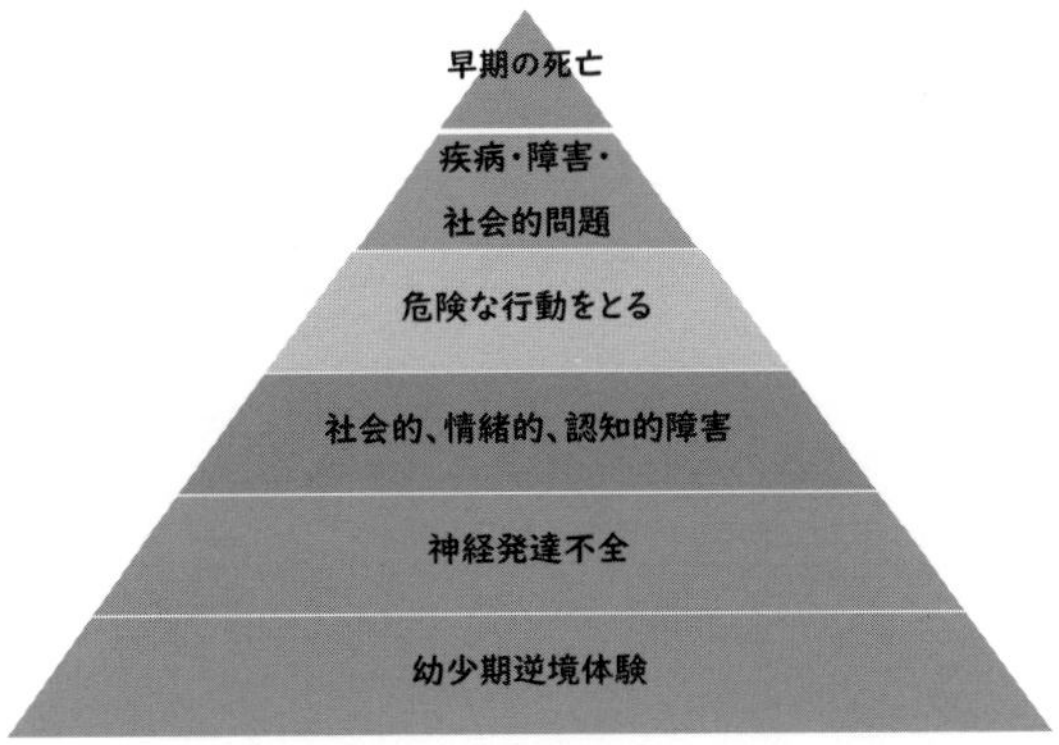
早期の死亡
疾病・障害・
社会的問題
危険な行動をとる
社会的、情緒的、認知的障害
神経発達不全
幼少期逆境体験

図1　幼少期逆境体験（Adverse Childhood Experiences, ACEs）と成人期の健康の関連
Felitti et al（1998）より筆者作成

ACEsを7カテゴリーに分類し、幼少期に4つ以上のカテゴリーを経験した人は、全く経験しなかった人に比べて、アルコール依存症、薬物乱用等の健康リスクや成人病リスクが高いことを明らかにした（図1）[※8]。日本では坪井が表1のとおり日本版尺

表1　幼少期逆境体験：adverse childhood experiences

| |
|---|
| 1. 心理的虐待 |
| 2. 身体的虐待 |
| 3. 性的虐待 |
| 4. 心理的な養育の放棄 |
| 5. 身体的・物理的な養育の放棄 |
| 6. 両親の別居・離婚 |
| 7. 母親の被暴力的な扱い |
| 8. 家族のアルコールや薬物への依存 |
| 9. 家族の精神疾患や自殺 |
| 10. 家族の服役 |

（坪井,2014）

度を開発している。[※9] 筆者が実施した全国調査[※10]では、児童養護施設を18歳で退所した若者の55・3％は、健康への影響があるとされるACEs得点4点以上を占めていることが明らかになった。さらに属性別にみていくと、児童の母の状況、性別、入所年齢などで差がみられた。調査の結果からは、母のメンタルヘルスに課題があること、女児であること、入所年齢が高いことなどが示された。子どもたちはやがて親になる。Doiらは、母親のACEsは、思春期の子孫の行動問題や抑うつ症状に世代間で直接的な影響を与えている可能性があるとしている。[※11] また、望まない妊娠との関連も指摘されており、[※12] Kanamoriらは家族機能が良好でないことと困った時に助けを求めることのできる人がいないことも意図しない妊娠の関連要因であるとしている。こうしたことからも、「若者への支援」とは、施設を退所して就職すれば、または進学すれば終結、とはならない場合があることがわかるだろう。結婚や妊娠、出産といった一般的にポジティブなこととされるライフイベントにおいても、危機が生じる可能性をはらむ若者が一定存在する。このことを見据えたアフターケアや施設以外の社会資源との連携が必要である。

## 3　ACEsを乗り越えるために：ポジティブな子ども時代の経験

家庭内での逆境的な体験によって高くなってしまったACEsは、その後、リカバリーできないわけではない。「ポジティブな子ども時代の体験（Positive Childhood Experiences、以下、PCEs）」は成人期の精神および人間関係の健康と関係があり、ACEsとは独立して作用する。[※13] 成人後の健康上、生活上の課題を予防するためには、生活の基盤である家庭の中での人間関係を円滑なものにするだけではなく、コミュニティがいかに安全で安心できる基盤となるかが重要であることが見て取れよう。強い逆境体験のある子どもへの他者からのサポート、特に情緒的な働きかけはACEsの影響を軽減させることが期待できるとされている。その役割を果たす「他者」は、家庭に代替して児童の生活を支援する施設職員や里親ではなく、社会的養護を取り巻くコミュニティの中の大人である。「受け入れられている」「聴いてもらえた」「私のことを見てくれている」そうした感覚の積み重ねがPCEsとなって回復と成人期の成長に寄与することになる。

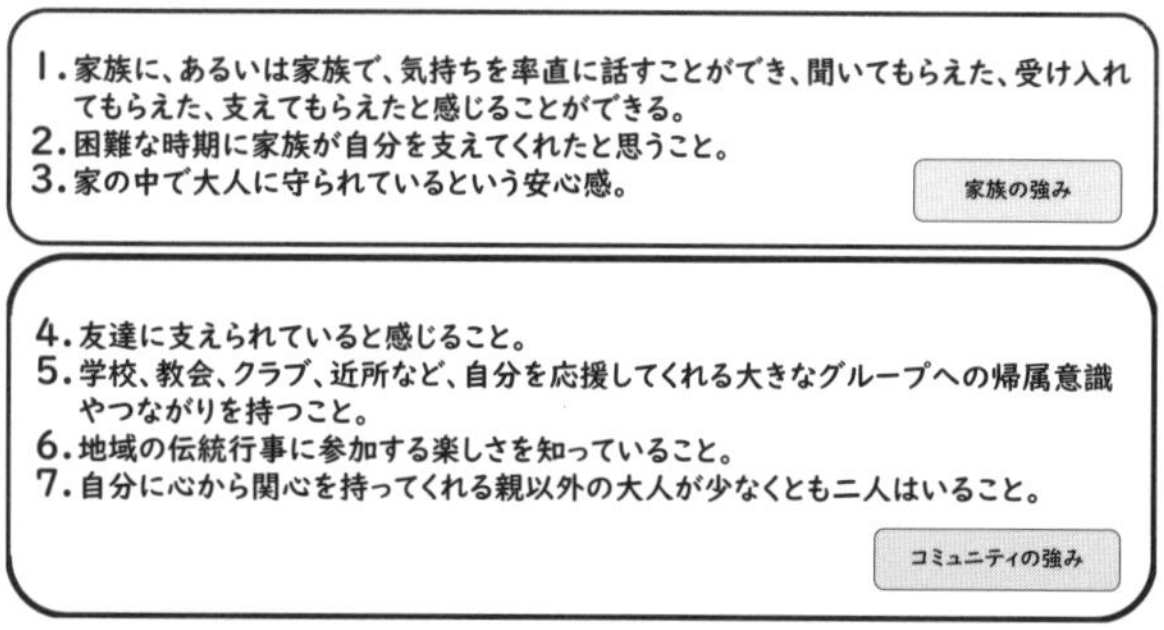

1．家族に、あるいは家族で、気持ちを率直に話すことができ、聞いてもらえた、受け入れてもらえた、支えてもらえたと感じることができる。
2．困難な時期に家族が自分を支えてくれたと思うこと。
3．家の中で大人に守られているという安心感。
家族の強み
4．友達に支えられていると感じること。
5．学校、教会、クラブ、近所など、自分を応援してくれる大きなグループへの帰属意識やつながりを持つこと。
6．地域の伝統行事に参加する楽しさを知っていること。
7．自分に心から関心を持ってくれる親以外の大人が少なくとも二人はいること。
コミュニティの強み

図2　Positive Childhood Experiences（PCEs）
Christina Bethell, Jennifer Jones, Narangerel Gombojav, et al(2019) をもとに筆者作成

## 4　PCEsを必要とする若者のいる場所

逆境的な体験をした若者がいるのは、社会的養護の枠組のなかだけではない。2021（令和3）年度に全国の児童相談所に寄せられた虐待相談は207，660件である。そのうち、一時保護に至ったのは27，310件、社会的養護につながったのは4，421件である。つまり、虐待ケースの98％は保護に至らない。ACEsに着目すると、若者への支援は社会的養護の経験に着目していても十分ではない。すべての子どもがポジティブな体験にアクセスすることができる環境を創出すること、そこにケアリーバーが包摂されることが求められる。

## おわりに

逆境経験を乗り越えていくためには、子どもの育ちを支え、自立に導く支援が必要である。筆者は図3のような成り立ちを考えている。Germain（1984）は、質の高いケアを目指すためには連携が必要であると説く。単一の学問領域あるいは個人では達成できない困難な課題を、複数の学問領域および複数の個人による協力によって達成可能になる。[※14] これはソー

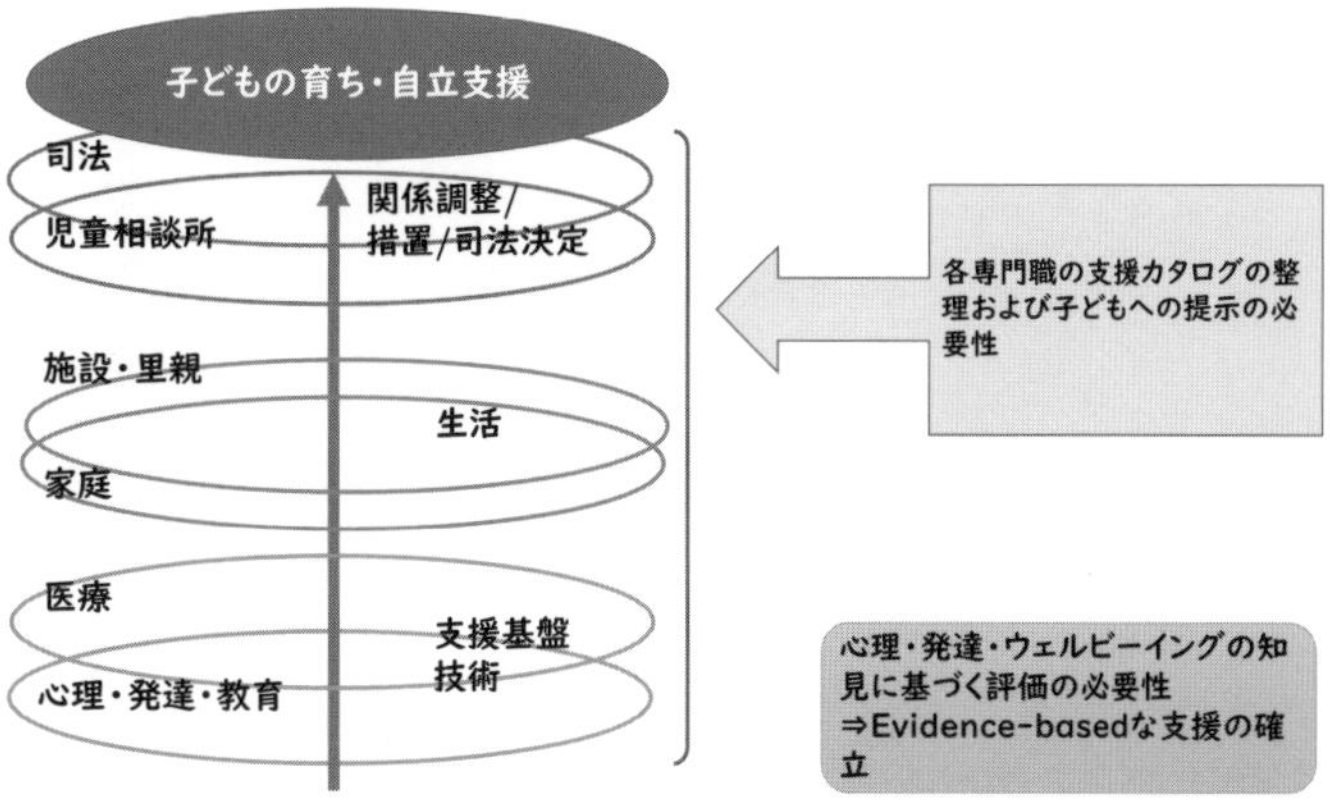
子どもの育ち・自立支援
司法
児童相談所
関係調整/
措置/司法決定
各専門職の支援カタログの整理および子どもへの提示の必要性
施設・里親
生活
家庭
医療
支援基盤
技術
心理・発達・教育
心理・発達・ウェルビーイングの知見に基づく評価の必要性
⇒Evidence-basedな支援の確立

図3　筆者作成

シャルワーカーが、ソーシャルワークの価値に従って支援すれば単独で成しえるものではない。司法、福祉、心理、発達といった様々な専門的な基盤を持つ専門職が、保護者とともに生活圏の中でいかに子ども期を支えていくか、自立支援を考えるときは、子どもの目に映る地域の景色の中でライフサイクルを見通した支援を展開していくことが求められる。

注

※1　こども家庭庁（2024）「社会的養育の推進に向けて」令和6年1月

※2　ロジャー・グッドマン／津崎哲雄訳『日本の児童養護』明石書店、2006: 243.

※3　厚生労働省雇用均等・児童家庭局長通知『「児童福祉法の一部を改正する法律」の施行について』雇児発第1203001号、2004

※4　石田賀奈子，伊藤嘉余子，永野咲「児童養護施設による家庭復帰事例へのアフターケアの実態に関する調査研究」神戸学院総合リハビリテーション研究2015: 10(2):69-82.

※5　永野咲，有村大士「社会的養護措置解除後の生活実態とデプリベーション：二次分析による仮説生成と一次データからの示唆」社会福祉学2014: 54(4): 28-40.

※6　厚生労働省雇用均等・児童家庭局長通知「社会的養護自立支援事業等の実施について」雇児発0331第10号、2017

※7　厚生労働省「児童福祉法等の一部を改正する法律案（令和4年3月4日提出）」(https://www.mhlw.go.jp/content/000906720.pdf)　2024.1.15

※8　Felitti, V. J., Anda, R. F., Nordenberg,et al. "Relationship of childhood abuse and household dysfunction to many of the leading causes of death in adults: The Adverse Childhood Experiences (ACE) Study.» American Journal of Preventive Medicine 1998; 14: 245-258.

※9　坪井総（2013）科学研究費助成事業研究成果報告書　https://kaken.nii.ac.jp/ja/file/KAKENHI-PROJECT-24790625/24790625seika.pdf　2024.1.1

※10　石田賀奈子（2022）「児童養護施設を経験した若者の幼少期逆境体験に関連する要因」厚生の指標　69 (12),16-22

※11　Satomi Doi, Takeo Fujiwara and Aya Isumi "Association between maternal adverse childhood experiences and mental health problems in offspring: An intergenerational study" (Published online by Cambridge University Press: 01 June 2020)

※12　Yoshiaki Kanamori, Yuki Miyamoto, Utako Sawada, Mako Iida, Takahiro Tabuchi& Daisuke Nishi "Association between adverse childhood experience and unintended pregnancy among Japanese women: a large-scale cross-sectional study" Journal of Psychosomatic Obstetrics & Gynecology Volume 44, 2023

※13　Christina Bethell, PhD, MBA, MPH; Jennifer Jones, MSW; Narangerel Gombojav, MD, PhD; et al "Positive Childhood Experiences and Adult Mental and Relational Health in a Statewide Sample: Associations Across Adverse Childhood Experiences Levels" JAMA Pediatr. 2019; 173(11)

※14　Germain, C. 1984: Social Work practice in Health Care, FreePress. p.199

実践事例①

# 子どもたちの声を聴くこと、多様性を認め合うこと

## 重大事態をきっかけに始まった ピンクシャツデー

坂本大輔

● profile
さかもと・だいすけ
社会福祉法人登別市社会福祉協議会 総務課・地域福祉課課長。平成15年入職。福祉教育推進員、社会福祉士。

概要

中学生の重大事態をきっかけに大人たちが集まった。大人たちは何を議論してどんなことを仕掛けたのか。子どもたちは何に気づき、どんな変化があったのか。「ワークショップ」や「フォーラム」を通して「多様性を認め合うこと」や「子どもの権利」とは何かを学びあった。そこから生まれたいじめ反対の意思を表示する「ピンクシャツデー」（PSデー）運動に至るまでの経過を紹介する。

### 1 大人たちの決意

令和2年6月に登別市内の中学生が自ら尊い命を絶った。教育委員会は、すぐに重大事案対策委員会（第三者委員会）を設置した。委員会は「いじめが自殺の要因の一つ」と認定し、翌年3月に報告書を教育委員会に答申した。これにより本事案は一定の区切りを迎えることとなった。

これらの状況を受けて、同年4月には、市議会議員（社会福祉士、登別室蘭青年会議所（JC）会員）の呼びかけのもと、委員会会長（精神保健福祉士）、PTA連合会会長、教育委員会参与（事案担当者／前教員）と私を含めた5名が顔を合わせた。

私たちは「いじめは勧善懲悪では何も解決されないのでは」「このことを風化させてはいけない」「子どもたちに何を残していくのか」と、一人の親として、地域の一員として、大人としての社会的な責任やそれぞれが抱える

葛藤等を語り合った。共通したのは「このまま放っておけない」「行動を起こさなければ何も変わらない」という強い意志を持っていたことであった。

とはいえ、「公」が動くことはセンシティブな問題だけに非常に難しい状況であった。ましてや、いじめをテーマに研修等を行うことも厳しいと感じていた。それでも、それぞれが持っているネットワークを結びつけ「民」から行動を起こしていくことで、まち全体がおもいを一つにしていける取り組みを考える必要があった。

## 2 「多様性を認め合うこと」を学び合うために

私たちが取り組みの柱に考えたのは、「多様性を認め合うこと」について、大人も子どもも共に学び合う場をつくることであった。「多様性」を考えていく軸があれば、おのずといじめの問題にも触れることになるのではないか、そんな想定をしていた。

私たちは、企画趣旨に共感する仲間を募った。集まった小中高校、専門学校の教員や教育委員会の職員、JC会員等からは「子どもたちに寄り添っていきたい」「多様性を認めないことが〝排除〟につながる」「福祉と教育の視点をもって関わりたい」など、問題に向き合いながらも前向きな意見が出された。一方で、企画検討は進めたが、専門的に自信が持てないところもあった。

そのような状況も踏まえて、以前よりご縁があった日本福祉大学の野尻紀恵先生に相談することとした。複雑な事情があるにも関わらず、私たちに寄り添い一緒に悩み、応援していただいた。先生からは「子どもたちの多様性を考えるのであれば、子どもたちの話を聴かなければならない」ことや「子どものことを知る、子どもの声が届くまちにすることが多様性を認め合う第一歩では」など助言をいただいた。

私たちは多くの議論を重ねた結果、JCやPTA連合会等の共催で、多様性をテーマにした「高校生のワークショップ」（8月）と「多様性を認め合う人づくりフォーラム」（9月）を開催することとし、先生には「すべての子どもの幸せを願い学校と地域における〝排除〟と〝子どもの権利〟に向き合う」と題してフォーラムでの講演をお願いした。

## 3 子どもたちの気づきと変化

ワークショップは、子どもたちの声を聴くため「私が感じる：楽しいこと／しんどいこと／生きづらさ、生きにくさ」の3つをテーマに、大人も交え一緒に語り合う場とした。なかでも、子どもたちは大人が考えている以上に学校や家庭で多くの生きづらさを感じていることがわかった。

子どもたちは、自分の抱える生きづらさが、実は「みんなにも共通している」という発見をしたり、子どもたちの日々の暮らしの窮屈さを物語るように「批判や否定がされない空間がとても良かった」という感想が数多く聞かれたりもした。加えて、「多様性は一人ひとりのおもいが違って当たり前。答えは出ないけど、自分のこと、相手のことを考えることをやめてはいけない」「一人ひとりの違いに気づく大切さを学んだ」という意見や感想もあり、対話を重ねることで成長していく子どもたちの姿を目の当たりにした。

また、ある子どもは、自分が大好きなロリータファッションでまちを歩くと偏見を持たれることに疑問を感じていたことから、「多様性」というテーマに惹かれワークショップに参加していた。その子は「私は友達と話すことは〝楽しい〟と思っていても、『話を合わせることが〝辛い〟』と会話を苦手にしている人もいることを知った」と語り、お互いの心情を吐露できたことで他者との価値観の違いに気づき、偏見を持たれた自身の辛い経験と照らし合わせながら「〝認め合えない〟ことから〝いじめ〟も起こっているのではないか」「いじめは『自分に関係ない』という周囲の環境があるなら、行動を起こすことで改善していきたい」といじめの問題にも焦点を当て、思考を深めていく姿もあった。

## 4 大人たちから呼びかけたピンクシャツデー

子どもたちはワークショップでの気づきや学びをフォーラムで発表した。参加した大人たちは「多様性に正解はない。考え続けなければならない」など、子どもたち自身の言葉で紡がれた発表に驚き、多くの学びを得た時間となった。

それでも私たちは、単発のワークショップやフォーラムだけでは、事案を風化させてしまう懸念を抱いていた。つまり、何か具体的に目に見える形を残さなければ、多くの市民を巻き込んだものにはならないと感じていた。大事なことは、大人も子どもも、誰かの問題ではなく、私の問題、私たち市民の問題として考える機会や意識を継続して持ち、事案を決して〝忘れない〟ことであった。

だからこそ、これまで学んだことを持続性のある運動に昇華させていくために、毎年2月の最終水曜日にピンク色のものを身に着け、いじめ反対の意思を表示する世界規模の運動であるPSデーを企画することとした。この運動は単なるいじめ反対の運動ではなく、その背景には、互いの違いを受け入れることや他者を尊重することなど、思いやりのある社会をめざす趣旨があったことも、私たちのおもいと合致するものであった。

しかし、最後まで悩んだのは、PSデーの主体性をどのように子どもたちに持ってもらうかであった。悩んだ末、フォーラムの際にJCが大人を代表する立場で「PSデーキックオフ宣言」を行い、子どもたちに運動への参加を呼びかけることにした。ワークショップに参加した子どもたちは「地域を変えたい、一緒に取り組もう」と呼びかける大人たちの雄姿に奮い立ち、PSデー学生実行委員に立候補してくれた。

## 5 「当事者」からのメッセージ

一方、私たちは、事案の「当事者」でもあるご遺族が、PSデーを行うことで苦しんだり、怒りを覚えたりしないか不安を抱いていた。でも、あえてご遺族には事前に話をしなかった。それは、市民一人ひとりが「当事者」として、いじめの問題に向き合わなければならないと考えていたからであるが、ご遺族のことを思うと実施を悩んだことがあったのも事実であった。

そんな折、ご遺族の母親からメッセージが届いた。「ピンク色が好きだった息子もきっと喜んでくれていると思う」。私たちは心の底から喜び、涙した。

## 6 おもいを伝え合うこと、広げていくこと

PSデーは、市内全ての学校で取り組んでいるが、広がりはそれだけにとどまらない。

社会福祉協議会は、学生実行委員会の事務局を担い、共同募金委員会やPTA連合会は、財源面で運動を支える。教育委員会は、小中学校への対応を一手に担い、市や議会は執務中にピンクシャツ等を着用して応援する。民生委員児童委員や町内会等は、ピンク色のものを身に着け、登下校の挨拶運動に立ち、企業や商店等は、ポスター掲示やラジオ、SNSを介して運動の周知に協力する。

それぞれが自分たちにできることを行動に移して、協働の輪が広がっている。

学生実行委員会では『多様性を認め合うこと』を大切にしながら「PSデーを広めよう」とのおもいが受け継がれている。毎年2月の最終水曜日は、登別の子どもたちのおもいをのせて、登別のまちが〝ピンク色〟に染まる。

### インサイト
（編集委員・馬川友和）

多様性を認め合う。福祉教育・ボランティア学習の実践者が突き詰めていくテーマのひとつである。難しい事態に直面すると「仕方がない」で終わらせることが多い風潮のなか、登別市ではいじめや自死というセンシティブな事態に真摯に向き合った。そして、〝考えることを止めてはならない〟という想いが、結果的にピンクシャツデーという活動に昇華した。

この実践には、「子どもたちの声を聴く」、「語りやすい環境をつくる」など丁寧な取り組みが背景にある。ワークショップを含め、参加した子どもたちが〝多様性を認め合う〟体験をしており、ボランティア学習の側面においても秀逸な実践である。

実践事例②

# すべての子どもたちが生きる力を育む遊び場

## コンセプトは「生きる力」「インクルーシブ」「地域共生」

色部正俊

● profile
いろべ・まさとし
シェルター インクルーシブプレイス コパル館長
2022年４月から現職。コパルのコンセプトを追求し続ける熱い人物。教員から転身し、未来を担う子どもたちにインクルーシブを伝えたいと奮闘している。山形市在住。

概要

令和４年４月に屋内型の児童遊戯施設として山形市にオープン。インクルーシブをコンセプトに運営され、地域を巻き込みながら多くの人がかかわる賑わいある施設である。柔和な笑みで子どもたちの遊ぶ姿を見守る館長に、現在の様子とその熱いおもいをインタビューした。
本誌編集委員の奥山留美子が現地を訪問取材し、この報告を構成した。

### 1　コパルとは

酷暑の夏、雪が埋め尽くす冬。四季を通じておもいきり走り回る子どもたち。屋内型の子どもの遊び場として２０２２年４月に『シェルター インクルーシブプレイス コパル』は誕生した。すべての子どもたちが互いを認め合い楽しく遊べるようにしたい、そんな願いを形にしたのがこの施設だ。

「コ」は心・個々・この場所・子ども、「パル」は友達・ｐａｒｋｏ（公園）という意味を持つ。オープン以来その人気はうなぎのぼり、誰もが安心して遊べるように、時間帯で入場数を制限し安全を保ちながら遊び場の提供を図っている。折しもオープン当初はコロナ禍真っただ中、利用者を市内在住に制限したり、入場数を減じたりと感染防止に気を配りながらも、すべての子どもがともに遊べる場として人気を博し、制限解除後の現在を迎えている。

山形市南部にあるコパルは、ＰＦＩ

の手法で※「インクルーシブ」を実現すべく建物と運営がまるごと体現されている施設である。その建物は必見で、蔵王連峰を背景に屋外の丘やくぼみが建物の中まで自然とつながり、すべての場所が公園のようなのびやかな場になっている。屋内は木材がふんだんに使われ、インクルーシブな視点から必要となるスロープや手すり、誘導ブロックなどがただバリアを解消するだけでなく、誰にとっても楽しい遊びのきっかけになるようにデザインされている。エリアごとの年齢制限もなく、子ども自身が危険を回避しながら、好奇心を発揮し遊び方を考えていけるよう工夫され、インクルーシブをイメージして作られた木琴！とも見えるベンチや木製遊具、子どもが潜り込みたくなるような洞穴も楽しい。遊び方は子どもが自由に考え、登るも、滑るも自由自在、「生きる力」の中でも特に「考える力」を育みたいとする所以だ。（建築物としては日本建築学会賞など数々の賞を受賞している）

## 2 インクルーシブ

　コパルは赤ちゃんから高校生まで子どもならだれでも入場できる。保護者の付き添いが必須だ。国籍や障がいの有無を問わずそれぞれのペースで遊べることがうれしい。車いす専用のブランコ（日本ではここだけ）や向かい合って乗れるブランコなどがあり、車いすユーザーのお子さんをブランコに乗せたくて５００㎞を車でやってきた親子もいたという。外国籍の子どもの利用は12月現在で22か国の利用があった。言語は異なれど、子どもの遊ぶ姿は万国共通で何も支障がないという。また、最新のデジタル機器を活用し、触れて映像が動き出すなど感性を刺激する部屋もある。その名もデジタルアトラクション、楽しく創造が膨らむ仕掛けが満載である。子どもたちからも大人気らしい。広いホールは時間で団体利用ができ、特別支援学校の体育の時間としての利用がなされていた。五感を刺激し、その人らしさを尊重し、周囲の子ども同士が自然にゆるやかなルールを体験しながら遊んでいる姿が胸を打つ。

　月齢の低い赤ちゃんや医療的ケアが必要な子どもの利用も多くうれしい現状だ。コパルでは当初から、近年増えてきた医療的ケアを必要とする子どもの利用を視野に入れ、授乳やケアがゆったりとできるスペースが確保されている。室内には衛生面に配慮された水場もあり調乳もできる。月齢の低い赤ちゃん連れでも安心して利用できる。子どもだけでなく保護者にとっても安心して利用できる遊び場といえる。

　オープン以来コパルの利用者は約30万人突破というから驚いた。山形市の人口（２０２３年12月1日現在で約24万２０００人）よりずっと多い。そんなに子どもがいたのかと思う数である。コロナ禍の昨年は市民限定の制限をかけての入場であったが、リピーターが多いことに加え、口コミで評判が伝わり制限（時間ごとの入場数制限は継続）解除後は、他県からの来場者や海外からの来場者が確実に増えている。

　とはいえ、子育て真っただ中の保護者には悩みが多く、併設された子育て支援センターの相談室では専門スタッフが丁寧に対応している。

## 3　地域共生

　コパルは当初から地域の人の力を生かした運営が特徴だ。地元の民生委員を含む運営委員会も定期的に開催され、各方面の意見が生かされている。

　子どもたちの遊ぶ姿を見ると、どこに大人がかかわっているのだろうと不思議だが、多くの人たちが支えていることを知った。コパルの毎日を支えるのは専門スタッフと市民アテンダント。館長の色部さんをはじめとするスタッフはコパルのコンセプトに共感して応募した人たちばかりで保育士資格をもつ人も多い。また、年に2回募集する市民アテンダントは研修を受けテストに合格した市民ボランティアである。そうじや消毒、読み聞かせ、英語など様々な場面でコパルを支えている。年齢は18歳から80歳までと幅広く、子どもの笑顔を思いながらそれぞれがボランティアとして活躍している。距離換算の僅かな交通費はあるが、まったくのボランティアである。子育てを支える最前線の市民の姿といえよう。市民アテンダントにとって、コパルはやりたいことを実現する場となっている。

　加えて子どもを対象にしたワークショップが盛りだくさん用意されている。子育て支援センター主催のものはその数１００、さらに50の市民ワークショップが開催されているのも特筆される。子どもの役に立ちたいと考える個人や団体、企業が提案し、選定された企画がコパルを場として展開されているものである。その内容はスポーツ、食育、介護、福祉、エンターテイメントなど様々で、この日はファンタジックナイトと称した企画が予定されていた。

　コパル屋内への入場は子どもとその保護者に限られるが、屋外は誰でも楽しめる。コパル祭り、マルシェ、縁日など、屋外の広場では多くのイベントが開催される。コンサートが催されたり、キッチンカーが出て食を楽しめたりと、回覧板で催しを知った老若男女が集まり楽しむ場にもなっている。

## 4　子どもの育ち

　コパルには学びの場としての側面があることも見逃せない。子どもが学び

の一環でやってくるのだ。コパルの周囲には大学、高校、中学校、小学校、特別支援学校と教育機関がたくさんある。特に、幼児教育や教員を目指す学生が学びを実践に生かす場として、大学側と連携しながら取り組んでいた。

この夏には、保育系を目指す高校生と大学生がコラボした段ボール仕立ての遊具が持ち込まれ、多くの子どもたちと一緒に遊ぶ姿が見られた。他県の小学6年生が修学旅行先の1つとしてコパルで学んでいったこともある。小学生や中学生がボランティアしたいとやってくることも多く、やりたい気持ちを大切にしながら対応している館長の色部さんである。遊びをとおした子どもの育ちと併せて、学び場として子どもの育ちを支援していた。

色部さんはコパルの中だけにとどまらず出前授業を積極的に引き受けてインクルーシブの実現に向けたアクションを起こしている。誰もが幸せになる社会は一人ひとりにかかっている。

## 5 社会への発信

東京に本社を持ち全国展開しているN社が空間デザインのあらゆる場面でインクルーシブの視点を生かしたいと、社員研修をコパルで何度も実施している。1500のプロジェクトを手掛ける企業である。色部さんがトークイベントで発したことがきっかけだったという。大人も変わる。その大人が新たな波を起こしていく。

コパルは見学者が後を絶たない。公民問わず、子育てにかかわる団体をはじめ、建築にかかわる人、景観デザインにかかわる人など世界各国からやってきている。オープン当初の目新しさに引かれた見学が多いのは世の常であるが、コパルの場合はむしろ時が経つにつれて増えている。月に120件の見学、その一人ひとりに熱い思いを伝え、インクルーシブな社会に向けた発信を続ける館長に頭の下がる思いであった。

いろんな人がかかわり合い、多彩な取り組みが展開されているコパル、ここを基点に広がる世界が見えてきた。目指すインクルーシブな社会は、目の前の子どもたちが大人になった時、当たり前の日常になっていることを願わずにはいられない。

※PFI　民間の資金と経営能力・ノウハウを活用し、公共施設等の設計・建設・維持管理・運営を行う公共事業の手法。

実践事例③

# 児童養護施設と大学が連携する福祉教育プロジェクト

## 「お料理の会」をはじめとした子どもの参加機会と参加者の学び

吉田祐一郎・岡出多申

● profile

よしだ・ゆういちろう
四天王寺大学教育学部准教授
社会福祉士。阪神・淡路大震災でのボランティア活動を経験後、各地の被災地支援に従事。児童相談所一時保護所指導員などを経て現職。宝塚市子どもの権利サポート委員会委員、地域での子どもの居場所支援（子ども食堂）代表など。専門は子ども家庭福祉、地域福祉。

おかで・かづのぶ
児童養護施設高鷲学園施設長
羽曳野市教育員会生涯教育部青少年児童センター課で学童保育での子どもたちとの関わりを学ぶ。社会福祉法人大阪福祉事業財団高鷲学園に入職し23年目。指導員、現場責任者を経て現職。職員集団・こども集団の「生きるを支える」施設づくりを目指している。

**概要**

地域には多様な子どもたちの生活の場があり、そのひとつに児童養護施設が存在する。児童養護施設で入所する子どもたちは、自らの家庭を離れて生活する特性上、家庭とは異なる制約がある中で生活している。本稿では、それらの状況下にある子どもの権利保障の一環として取り組む、児童養護施設と大学が連携した料理教室などの福祉教育プログラムの内容と成果について報告する。

### 1 児童養護施設と大学との連携活動までの動き

今回取り上げる活動は、大阪府羽曳野市に所在する児童養護施設高鷲学園（以下、高鷲学園）による委託事業として、同市内に所在する四天王寺大学・四天王寺大学短期大学部（以下、本学）が受諾し進めている「高鷲学園連携事業」の取組である。本事業は高鷲学園側からの要請で２０１７（平成29）年度から実施している。児童養護施設に入所、生活する児童の余暇活動支援（習い事の機会の提供）の一環として取組を進めている。

本事業のねらいは複数ある。高鷲学園側としては、児童養護施設で入所する子どもは様々な環境の理由から自らの家庭から離れていることもあり、①習い事に取り組むことにより、生活の質を高める支援と位置づけること、②入所する子どもに対して進路選択の幅を広げ、その後の進路選択の機会を与えたい、というものがあった。生活の質を高めるねらいについては、入所している子どもが自然な方法で生活について関心をもち、子ども自らが生活力を身につけることで施設におけるインケア（入所中の支援）およびアドミッションケア（施設退所に向けた準備としての支援）の一つとして自立支援の一環に位置づくものと考えられる。また、連携活動を本学キャンパスで実施しており、子どもたちに大学という環境を身近に感じ取ってもらいたいという想いも込められている。

## 2 料理教室の取組

2017（平成29）年から料理教室（後に「お料理の会」に改称）が開始された。コロナ禍以前は年間4回（連携開始当初のみ、年3回実施）の連携活動での料理教室として行っていた。料理教室の実施に当たっては、本学短期大学部ライフデザイン学科の谷口美佳教授が中心となり、谷口ゼミの所属学生などが参画して、事前のメニューの考案や試作、連携活動当日に高鷲学園の子どもたちと一緒に調理などに参加するなど、本学学生を巻き込みながら企画・実施している。なお、これらの学生は福祉や保育を学ぶ学生ではないこともあり、児童養護施設について学内で学習する機会がなかった。そのため活動に当たっては、参加学生を対象に年度当初に高鷲学園の管理職による児童養護施設および入所する子どもについての講義、活動上での留意すべき事項などについての研修を実施した上で活動に参加している。

活動当初は高鷲学園の子どもたちに生活力として食育活動を通して食についての正しい知識を身につけてもらえるようにメニュー等の工夫をしてきた。それはこの料理教室を単なる調理実習の機会として位置づけるのではなく、本来的な家庭生活を意識し、家庭的な食育の意味も含め、食材や調理法だけでなく配膳やマナーも含めた学びができるように企画している。また、一緒に調理し食する楽しさを知ることのできる内容になるように検討していった。

このほか、料理教室とあわせて食育活動の一環として、2018（平成30）年度からは、本学による別の事業として大学菜園での農作物の育成を行う「ポタジェプロジェクト」と連携し、高鷲学園の子どもたちによる菜園体験（作物の播種と収穫）も取り入れている。

このように連携活動当初は、食育を

通した高鷲学園の子どもたちの自立支援を前面に出して取組を進めていった。毎回の活動は高鷲学園の子どもたちは20名前後、本学学生が15名程度、本学および高鷲学園の教・職員で行っている。子どもたちの参加にあたっては、高鷲学園において事前に参加を希望する子どもを募り、当日の活動に参加する方法を取っているが、会場である本学調理実習室の収容可能定員の関係で希望する子ども全員は参加できないことがあるほど、子どもたちからの活動への期待も大きい。

## 3 コロナ禍以降の連携活動

2020（令和2）年以降に流行した新型コロナウイルス感染症では、本学の教育活動にも大きく影響を受け、高鷲学園との連携活動においてもコロナ禍以前と同様の料理教室を継続することが困難となった。一方で連携活動での取組内容を見直し、2年間の活動見送りをしたものの、2022（令和4）年度から新たなプログラムでの活動を実施することとなった。お料理の会については、調理・試食場面での感染症リスクがあったことから、お料理の会（調理実習）は年に一度に絞り、年間のその他の回数でのプログラムの展開を検討した。2022（令和4）年には、本学短期大学部ライフデザイン学科所属の全教員に全面的に協力を得ることができた。その上で同年には新たにこれまでのポタジェプログラムと連携した上でサツマイモの収穫を行い、そのサツマイモを利用したサコッシュづくりを行った。また、2023（令和5）年には、ステンシル技法を用いたランチョンマットづくりを実施した。あわせて本学人文社会学部人間福祉学科の学生によるプログラムとして、レクリエーション（屋外での宝さがし、グループワークゲーム）を実施するなど、本学内の複数の学部・学科に横断した連携活動へと活動が拡大している。

## 4 参加者の感想からとらえた連携活動の様子

### ①参加した子どもたちからの感想

参加後の子どもたちからの感想としては、「料理とかしておもしろかったし楽しかった」「いもほりが楽しかった」などとプログラムに参加した楽しさや喜びに関するコメントが寄せられている。また料理教室に参加した後に高鷲学園に帰ってから、「持ち帰った芋でスイートポテトと大学いもを作った」など、活動で得られた素材や経験を用いた取組が行われたこともあった。そのほかにも、「自分で好きな料理を作りたい」「別の野菜も育ててみたい」などの声もあった。

**②施設職員のコメント**

一緒に参加した高鷲学園の職員からは、「普段外で遊ばない子どもたちも楽しかったと話していました」「大学生も優しく子どもたちに教えてくださって喜んでいました」など、子どもたちの様子についてコメントが寄せられている。そのほかにも、料理教室の実施当初は集合時間や引率職員の指示を守ることができなかった子どもがいたとのことであるが、料理教室などへの参加回数を重ねることで子どもたちの様子が変化し、活動当日の集合時間前に全員が集まる様子や、自分から率先して挨拶する様子などが増えているとのことである。

**③参加学生の様子**

参加した本学学生の感想として、子どもたちとのお料理の会の取組を通して、最初は緊張しつつも子どもたちと一緒に活動することで関係が深まるなど、学生自身もコミュニケーションの充実が図られている様子がみられる。

「大学生になってから子どもと関わる機会がほとんどなかったので、子どもとの話し方や内容についてどうすれば良いのか分かりませんでした。でも、いざ会って一緒に料理をして話してみると、私自身が楽しくて気持ちが明るくなったし、思っていた以上に深い話ができて、とても距離が近くなった気がしました。今までは、子どもが好きかと聞かれると、好きとは言えませんでしたが、今日をきっかけにとても好きになりました」と回答する学生もあった。

また、高鷲学園の子どもたちから施設での生活の様子について話をした学生もあり、これまで関わることがなかった児童養護施設での生活の様子について理解している学生もみられた。

## インサイト

（編集委員・吉田祐一郎）

子どもたちが普段関わることが少ない大学生との多様な活動に参加することで、子どもの生活の幅が広がって、他者との関わりの経験が増え、連携活動の意義として評価している。子どもの参加する権利や意見表明権、余暇・遊びの権利の保障の機会でもある。

また、参加するほとんどの学生は、福祉や保育が専門ではなく、本活動への参加がなければ、児童養護施設の子どもたちと関わる機会が限られていた。社会的養護の子どもや社会福祉施設についての正しい理解ができ、学生自身も子どもたちとの関わりから、他者とのコミュニケーションによる喜びや経験値を高めることができている。

NPO／社会福祉法人の挑戦 ❶

# スポーツ振興と選手支援、そして介護職確保

● profile

稲葉裕二

いなば・ゆうじ

社会福祉法人秀孝会常務理事、特別養護老人ホーム京都ひまわり園施設長

専門学校を卒業後、社会福祉法人秀孝会に就職する。当初は栄養士として食に携わる。その後、相談員、介護支援専門員等を経て現在に至る。人材確保や育成、外国人雇用にも取り組んでいる。

## 1 実業団チーム発足

人材確保に苦しむ介護・福祉界と実業団チームの減少に悩むソフトテニス界が手を組んで新しい取り組みを始めることにしたのは、2019年3月27日のことだった。

社会福祉法人秀孝会では募集人員に満たない採用が数年続いており、人材確保に頭を悩ましていた。一方、ソフトテニス界では1990年代に60以上あった実業団チームが15チームまで激減していた。施設としては選手が介護職として働き手となり、選手は実業団チームの一員として活躍する場ができることを期待して、当時の常務理事と国際ソフトテニス連盟理事が協力して、実業団チームが発足された。

## 2 介護との両立

秀孝会では特別養護老人ホーム、デイサービス、ケアハウスなどの11事業を行っている。選手は各事業所に分かれて業務を行っている。早出と日勤のローテーション業務に入り、遅出と夜勤の業務は外している。業務内容は食事の介助や排泄・着替え、入浴介助など生活全般の支援を行っている。選手たちは無資格未経験であるため、入職すると一定期間の研修を終えてから介護現場に配属される。研修は「社会人として」という基礎から「認知症」や「高齢者虐待や人権」「介護技術」などの専門分野まで幅広く学ぶ。テニスについては月曜日を休養日、火曜から金曜の16時から19時を練習時間にしている。土日は仕事を休みにし、試合や大会に参加できるように配慮をしている。

一方で、ケアスタッフとしての就業時間は一般職員のおおよそ7割になる。現場に配属されたのち、実践で業務ができるように先輩スタッフたちが丁寧に指導している。また、資格取得においても将来を見据えている。選手たちは介護に従事しながら認知症介護基礎研修を修了する。さらに経験を積むこ

とで介護福祉士の国家資格も目指すことができる。実際に介護福祉士を取得した現役選手もいる。どの選手も介護の仕事は不安いっぱいで入職してくるが、先輩職員に教えてもらい、できることが増えていくなかで仕事のやりがいを見つけている。

## 3 地域貢献事業

仕事とテニスを両立しながら、試合で結果を残そうと懸命に頑張っている。実業団リーグで上を目指すことはもちろんであるが、チームに求められているのは実業団チームの存在を地域に還元することである。

2022年から始めた「中学校女子ソフトテニス部技術講習会」は大会の少ない時期で中学校の行事や大会などと重ならない6月に開催している。同年6月19日、八幡市内にある中学校の女子ソフトテニス部員約30名が集まり、チームサニーブリーズの選手による講習会を開催した。生徒にとっては実業団の選手に教えてもらう良い機会になり、選手にとっては教えるという学びとともに後継者を育てるという楽しみになった。午前中の開催で基礎トレーニングからラリーや試合形式など様々な練習を行った。

2023年6月19日にも講習会を開催し、前年同様、市内の中学校の3年生を中心に約50名が集まった。参加人数が増えているため3年生に限定したが、先生方の要望もあり、秋には2年生を中心とした講習会を開催できないか検討した。11月から1月にかけて試合もないため、毎週水曜日に1年生、2年生を中心に「チームサニーブリーズと一緒に練習をしよう」と案内をし、合計10日の合同練習を企画した。

昼間は介護の仕事をしている職員が元気よく講習会を開催し、テニスの楽しさを伝え、ソフトテニスを続けたい生徒に一つの選択肢を示し、可能性を伝えていくことでソフトテニスの活性化やレベルアップにつながる。さらに介護の仕事に興味を持ってもらうこともできると確信している。

## 4 今後について

地元の生徒にとって大きな経験や成長につながること、教える選手にとっても役に立つという実感ややりがい、伝える・教えることの難しさを学ぶ機会になること、法人にとっては人材確保でき地域によいPRができること、これらを地域貢献によってさらに活性化させていきたいと思う。

時々、YouTubeで試合が見れることがあり、施設の入居者と応援に行けなかった当日勤務の職員が一生懸命にプレーしている選手を応援していたこともあった。もっともっと強くなり、施設の入居者にも応援してもらえるようにならないといけない。そして、テニスを引退することになっても当法人に残って、もしくは地元に帰って介護職を続けたいと思えるようサポートしていきたい。

NPO／社会福祉法人の挑戦 ❷

# 家庭でのキャリア教育を後押しする

## 子どもの社会的・職業的自立に向けて、保護者の学びと対話の機会を

● **profile**

こみ・まいこ

NPO法人みらいずworks代表理事

2012年4月に「みらいずworks」を創業、2016年にNPO法人化。認定キャリア教育コーディネーター、文部科学省コミュニティ・スクール推進員「CSマイスター」、新潟県社会教育委員、岡山大学非常勤講師。

**小見まいこ**

**みらいずworks**は、新潟県を拠点にキャリア教育を推進するNPO法人である。キャリア教育とは、子どもたちの社会的・職業的自立を促すことであるが、それを担うのは学校だけでない。家庭や地域もその役割を担っている。本稿では、主に、家庭におけるキャリア教育支援について紹介する。

コロナ禍において、子どもを取り巻く環境は変化した。加えて、学級懇談会の中止、学校行事やPTA活動の縮小等により、保護者同士の関わりも激減した。他にも経済的理由など複合的ではあるが、子育てに関する悩みを気軽に相談できず孤立している保護者が増えているという実情を知った。

そこで、弊団体では子育てや家庭教育の充実に向けた課題の明確化を目的に調査を実施した。2023年1月に新潟市内の1863名の保護者に協力してもらい、その結果を**「子育て悩み白書2023」**として発行した。

調査の結果、約6割の保護者が子育てに悩んでいた。また、2人に1人が、子どものSNSやゲームの使い方に悩んでいるということが明らかになった。これは、子ども1人1台ICT端末を持つという学校教育の変化に適応できていない保護者がいることの表れではないだろうか。その他にも、子育てについて得たいヒントや知識については「子どもの自立の促し方（家庭でできるキャリア教育）」が上位であった。

この結果から、「予測不能な社会において、我が子は生きていけるのか」という不安や「子どもの社会的・職業的自立に向けて、家庭でできることを見出したい」という役割意識を持つ保護者は多くいると言えよう。

そこで、保護者を対象にオンライン**子育て学びカフェ「子どもの力を引き出すコミュニケーション」**を企画し、毎月勉強会や対話会を実施した。勉強会では、「保護者が担うキャリア教育とは」「子どもの強みを伸ばす働きかけ」「保護者のキャリアデザイン」な

**Q. 子育てについてどのようなヒントや知識を得たいですか**
＜選択式・複数回答可＞

| 項目 | 人数 |
|---|---|
| 子どもの自立の促し方について（家庭でできるキャリア教育） | 965 |
| 社会の変化に対応する教育の変化について | 692 |
| SNSやICT端末を活用する上で必要となるメディアリテラシーについて | 599 |
| 学校や先生との関わりについて | 222 |
| 保護者自身の生き方や考え方について（保護者のキャリアデザイン） | 216 |
| 子どもへの共感的な関わり、コミュニケーションの方法について | 165 |
| 特になし | 293 |

N=1,863

（『子育て悩み白書2023』6頁より）

ど多岐に渡るテーマで実施をした。詳細は割愛するが、以下のような保護者の気づき・感想を共有したい。

「親が楽しく、生き生き人生を送っていれば自ずと子どももそれに刺激を受けるのかもしれないと思った」「子の価値観は違うと頭でわかりつつ、押し付けてしまう。子どもに合ったコミュニケーションを試してみたい」などである。参加した保護者は、子どものことを考える前に、まずは一人の人間である自分自身を見つめ、自分の人生を歩んでいく必要性を感じたようである。また、筆者自身保護者として、子ど

もが小学生以上になると、子どもとの関わり方や必要な知識、スキルなどを引き出すコミュニケーション」について演習を行った。自分が聞きたいことを誘導しながら聞くのではなく、子どもを育ててしまっているのが実情ではないだろうか。これからの時代に合った考え方やよい習慣は引き継いでいくべきだが、時代に合わせてアップデートすべきこともある。

このまま放置していけば、学校教育は令和の教育に向かっているのに、家庭教育は、昭和の教育のままで変わらないという状況を生み出してしまうのではないかと危惧している。

そこで、主体的に集う「子育て学びカフェ」だけでなく、小中学校のPTAにも働きかけ、保護者を対象にした研修を実施した。参加した保護者からは子どもとの関わり方や自立の促し方を学んだり、対話したりする機会が少なかったことから大変好評であった。

ある小学校の保護者向けの研修で、社会や学びの変化についてレクチャー

し、その前提も踏まえながら、「子どもの力を引き出すコミュニケーション」について演習を行った。自分が聞きたいことを誘導しながら聞くのではなく、子どもが話したいことを待ちながら聞くなど子どもの思い、考え、感情を引き出すポイントとスキルを伝え、実際にペアで練習をしてもらった。

「大人自身の考えを前のめりに、せかしたり、先に伝えたりしていると実感した」「自分の心の余裕次第で変わってしまうと感じた」「今回のスキルをつかって、子どもの思いを引き出していきたい」などの気づきが得られた。

大人は子どもに主体性や課題解決力などを求めているが、まずは自分がそれを体現できているかが問われている。子どもたちに示していくためにも、大人が学び続け、アップデートしていくことが必要である。そのきっかけとなる学びの場、対話の場をつくることが家庭でできるキャリア教育の後押しであると考えている。

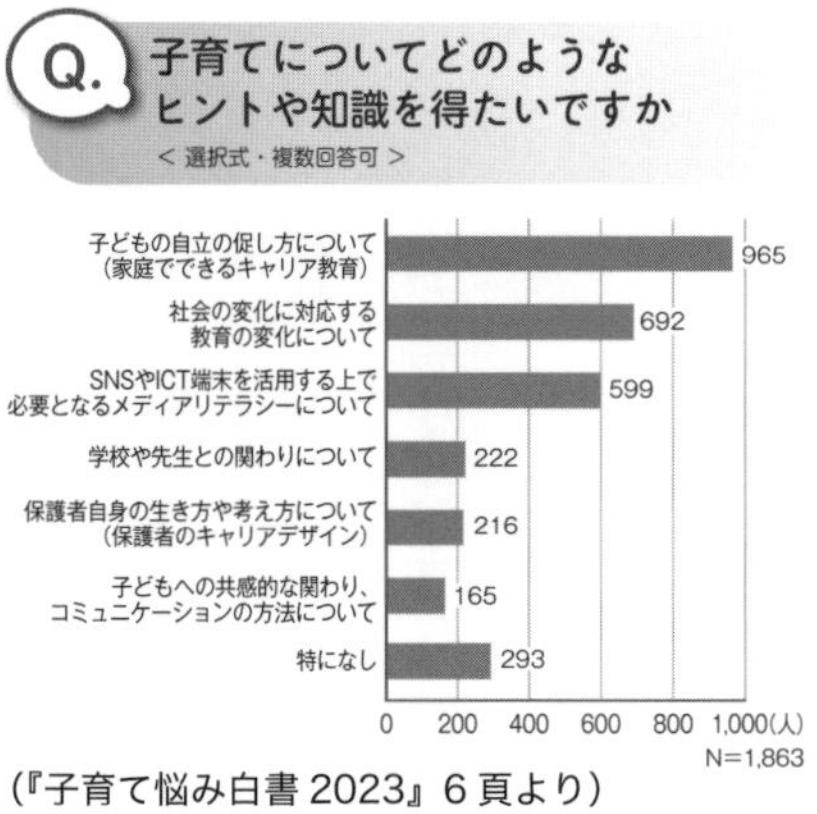

わたしの指導案

# 子どもの遊びの意義を問い直す

## 子どもが体験すべき危険なこと提案

小山田祐太

● profile
おやまだ・ゆうた
麻布中学校・麻布高等学校教諭
岩手大学教育学部卒業、神戸大学大学院人間発達環境学研究科修了。現任校では家庭と情報を担当。2024年度NHK高校講座「家庭総合」番組監修。

高等学校学習指導要領家庭編保育分野では、「遊びは子供の生活の大部分を占めており、遊びを通して子供の心身の発達、健康の保持増進がなされる」や、「児童文化施設は、子供に適切な児童文化財を提供し、健全な遊びや創造活動を経験させる」といった記述がある。遊びを通じて、子どもの成長を促すことは、保育の中でも大切にされる観点である。

その一方で、昨今の社会状況をみるに、外遊びの機会減少や遊び場での活動制限など、創造活動を可能とする場そのものが消失しつつあると感じている。また、子どもの安全は当然確保されるべきで、見守る側の大人は充分に注力しなければならない。しかし、そればかりに目が行き過ぎて、危ないから最初からやらせない、ケガをしないように危険は予め取り除いておくといった措置が行われる。これは大人にとって健全な環境構築でしかない。

危険性や安全配慮の判断もできる大人の視点となってきた高校段階なのだから、安全を主軸としつつも、本当の意味で子どもにとって健全な遊びや遊びを取り巻く環境について考えられるのではないか。このような観点から、本授業を考案した。

本指導案は、家庭基礎、保育分野内容の一部である。子どもの遊びの意義に関しての学習の中で、好奇心や達成感・発見などを誘発できる体験的な活動の具体的な事例を、先行事例の資料を用いながらグループで考えさせた。

提案例としては、「雨の中で走ってみよう」、「冷蔵庫に入ってみよう」、「雑草を味見してみよう」などが挙げられた。しっかりと安全面を確保した提案もあるが、おもしろさにかまけて明らかに子どもへの危険が残る提案も出された。全体で提案内容の発表・共有を行う中で、「幼児期の子では危険が大きく、これは困難ではないか」、「大人が付きそうのであればよい経験となるのではないか」などの意見があがった。

基本的な安全を確保しながら、子どもにとってかけがえのない経験・学びとなる環境づくりの大切さを伝えて、引き続き「守られる権利」だけではなく、守られた環境の上での「育つ権利」を意識させたい。

高等学校「家庭基礎」保育分野学習指導案

1.題材：オリジナルの子どもが体験すべき危険なことを提案しよう

2.指導目標：安全に配慮しつつ、子どもの発達や成長を考えた体験・経験について考えることができる。

3.授業構想：前時にて非認知能力について学習した。本時では、生徒の幼少期の経験・体験や、書籍や動画教材を用いて、「子どもが体験すべき活動」を具体的に考えさせる。考案した活動が、子どもの心身の発達や自ら安全を管理する力の滋養に寄与することに気づかせ、子どもの遊びや遊び場環境を整備することの意義を考えさせる。 次時では子どもの貧困を扱い、体験活動の乏しさと子どもの成長への影響についても考えるきっかけをつくる。

4.本時の展開

| 時間 | 学習内容と学習活動 | 指導上の留意点 |
|---|---|---|
| 導入<br>12分 | ・前時の復習<br>体験的な活動と非認知能力との関係について確認する。<br>・自身の危険な体験や、失敗などから得た「学び」について振り返らせる<br>・参考資料として動画「子どもが体験すべき5つの危険なこと」を視聴し、課題に進む | ・ワークシート記入。よいものは適宜紹介する。<br>・動画と同内容の書籍を用いながら、補足する。 |
| 展開<br>30分 | ・参考資料のフォーマットに従い、オリジナルのグループで子どもが体験すべき危険なことについて意見を出合い、まとめる。<br>提案の書式は以下の通り（参考書籍内容に準拠）<br>・タイトル／・必要なもの／・警告(注意点)／・やってみよう(行動の内容を説明)／・もっと詳しく(行動の意味合いなど)<br>・各グループの提案内容を発表し共有する。適宜、安全性や、体験の意味について意見交流を行う。 | ・グループでワークシートに記入。提案活動の意味合いは、ていねいに説明できるよう促す。<br>・聴者には、活動の意義と安全面への配慮を観点として聞くようにし、質疑・意見を行わせる。 |
| 終結<br>8分 | ・公共空間や公園の整備におけるリスクとハザードの違いについて説明しながら、本時を振り返る。<br>・として、子どもの貧困と体験活動との関係について触れ、次時の見通しを持つ。 | |

参考文献
・仙田満『こどもの遊び環境』鹿島出版会，2009
・水月昭道『子どもの道くさ』居住福祉ブックレット，東信堂，2006
・Gever Tulley, Julie Spiegler『子どもが体験するべき50の危険なこと』オライリージャパン，2011
・TED Conferences, LLC.“5 dangerous things you should let your kids do”.TEDTalks.2007-03. https://www.ted.com/talks/gever_tulley_5_dangerous_things_you_should_let_your_kids_do(参照 2023-11-30)

## 子どもを育む多職種協働

# 子どもたちの権利を護り、健全な育成を育む福祉教育実践

## ～交野《かたの》市社協と女子少年院の協働による福祉共育実践～

新崎国広・各務正敏

大阪府交野市社協や同市内の社会福祉施設が女子少年院「交野女子学院」と連携協働して取り組んでいる福祉共育実践を紹介する。現在、交野女子学院が矯正教育の一環として取り組んでいる地域社会との連携・協働による「特別活動指導」実践について、福祉共育の観点から考察する。

● profile

あらさき・くにひろ
一般社団法人ボランティアセンター支援機構おおさか代表理事、ふくしと教育の実践研究所 SOLA(Social–Labo) 主宰、社会福祉士

かがみ・まさとし
（社）交野市社会福祉協議会課長、社会福祉士。重層的支援体制整備事業や活動計画・ボランティア活動などに携わっている。

本コラム「子どもを育む多職種協働」では、毎回の特集と連動したテーマにおける子どもを護り育むさまざまな多職種協働・地域協働による福祉教育・ボランティア学習実践を紹介し、協働のポイントや課題について考察していく。

子どもの基本的な権利を護り、子ども施策を社会全体で総合的かつ強力に推進して行くための包括的な基本法として２０２２年に「こども基本法」が成立した。２０２３年４月にこども基本法が施行されるのと同時に「こども家庭庁」が創設された。同庁では、最近の深刻な少年非行問題に政府を挙げて取り組むため、少年非行対策に関する事項の総合調整、関係行政機関の事務の連絡調整を所掌するため「非行対策課長会議」を設置している。同会議では、関係機関が連携し、少年の非行問題等に対処するために必要な申合せなどを行っている。今回のコラムでは、家庭環境等のさまざまな理由で、社会的孤立や排除されやすい非行少年の人権を護り、社会につなぐ福祉教育実践を紹介する。

### 1　再犯防止に向けた少年院における矯正教育

２０１６年12月に「再犯の防止等の推進に関する法律」が施行された。同法において、「犯罪をした者等」とは、犯罪をした者又は非行少年（非行のある少年をいう。以下同じ）若しくは非行少年であった者をいう。また、同法の第三条の基本理念には、「再犯の防止等に関する施策は、犯罪をした

者等の多くが安定した職業に就くこと及び住居を確保することができないこと等のために円滑な社会復帰をすることが困難な状況にあることを踏まえ、犯罪をした者等が、社会において孤立することなく、国民の理解と協力を得て再び社会を構成する一員となることを支援することにより、犯罪をした者等が円滑に社会に復帰することができるようにすることを旨として、講ぜられる」と記されている。

## 2 交野市社協における子どもの権利を擁護する支援

### (1) はじめに

交野市は大阪府の東部、奈良県の県境に位置している。人口は7万5千人で、市域の中央部を天野川が流れている。豊かな実りをもたらす天野川と、印象的な交野山（こうのさん）を有する自然豊かな地〝交野が原〟は、いつしか七夕伝説をはじめとする数々の伝説と結び付けられるようになり、七夕に関する行事が古くから市民に親しまれ、観光としても有名である。

交野市には、1948年に開設された女子少年院である交野女子学院（以下、学院）がある。学院に在院している在院生たちは、生育の背景として、社会参加の経験が乏しく、季節の行事ごとに参加した経験が少ないこと、自己肯定感・自己有用感の低い傾向がある。学院としても、基本的な対人関係スキルや自己表現の方法を学び、円滑に社会適応できる力を身に付けること、非行に関わる自己の問題性を理解し、堅実な生活態度を身に付けることなどを実現できるように矯正教育を実施している。

これまでも学院とは、地域の公園清掃や一部の社会福祉施設が教育活動の一環として資格取得のための講師を行うなど繋がりがあった。近年は農園芸課の作業の一環で栽培した野菜を公共施設や子ども食堂に寄付するなどの繋がりも増えてきていた。2019年には、学院の法務教官から「学院の生徒が地域と繋がることができる事業をしたい」と市社協に相談があった。学院からの相談に寄り添い、他市の取り組みも参考にしながら車いすの清掃作業や地域のサロン活動への協力などの事業を検討していた。しかし、事業の展開を進めていた矢先に新型コロナウイルス感染症が広がり、一時保留となっていた。再度活動が再開したのは、2022年2月に市が実施した「交野市更生支援ネットワーク会議（以下、ネットワーク会議）」がきっかけだった。

コロナ禍の閉塞感を変えるために、2021年12月にデイサービス事業所のクリスマスカードのイベントが始まった。このイベントは、高齢者と子どもたちをつなぐ福祉教育の一環として、市内の社会福祉法人もくせい会のデイサービスきんもくせいと医療法人鶴保診療所が設置するデイサービス「ほつま」が中心となり、コロナ禍で交流が途絶えた高齢者と保育園・こども園の子どもをつなぐイベントを実施したこ

クリスマスプロジェクト

とが報告された。イベントの主な内容は、レクリエーションでの工作時に、作りっぱなし・自己完結してしまう作業的なものが多いので、利用者が「誰かのために」と想いをはせながら作業ができることを模索し、クリスマスカードの制作事業が実現した。複数の施設の協力を得て、高齢者が手作りで作成したクリスマスカードは市内の保育園・こども園に配布された。当初は保育園・こども園の子どもたちからのお返しなどは考えていなかったが、実施後に子どもたちから、たくさんのお礼の手紙や制作物のお返しがあった。先生方からも、「今後も繋がりたい、なにかあれば一緒にしましょう」「コロナが終息になれば遊びにも来てください」などの嬉しい言葉をたくさんいただいたというものであった。

　社協では、これは素敵な事業だと感じたので、女子学院を同事業に巻き込みたいと考え、更生支援ネットワーク会議で学院に対してこのイベントへの参加協力を提案した。この会議では、学院から在院生が外に出て直接的に他者と関わることは難しいが、作業や物づくりなど社会貢献を通して少年たちの自己肯定感を高めていく取り組みができないかということで話し合いが行われた。そうしたアイデアの一つとして、非接触型であり、誰かのためにという想いを繋げる事業を行うこととし、他機関との連携を図りながら、まずは七夕の時期に次にクリスマスの時期を焦点に充てて事業を行うこととなった。学院と地域をつなぐ具体的な実践については、次節で詳しく紹介する。

### (2)「かたの七夕プロジェクト」の取組

　2022年7月から七夕に関する事業は、「七夕プロジェクト〜世代を越えて心がつながる願いごと〜」として更生支援ネットワーク会議の部会で企画を進めて行った。事業の内容としては、短冊を学院・高齢者施設で作成し、保育園・子ども園の七夕イベントで活用してもらうこと、商業施設に笹を設置し、作成した短

七夕プロジェクト

冊に様々な願いごとを書いてもらうなど、みんなで作り上げる事業となった。

部会では、市職員・学院の法務教官・デイサービス職員・市社協・ボランティアセンターで役割分担をした。2022年度は、社協ボランティアセンターの活動者が短冊の原案を作成し、学院・高齢者施設で短冊や笹飾りを作成した。2023年度は学院で短冊の原案を作成し、その原案に基づき、高齢者施設やボランティアセンター、社会的に孤立している方の集いの場「かたの　×サードプレイス」で短冊を作成した。

一方、クリスマスプロジェクトでは、2022年度・2023年度共に学院と高齢者施設でクリスマスカードを作成し、保育園・こども園・子育てサロンに配布した。また、高齢者施設で作成したクリスマスカードは在院生たちの手にも届くようにした。プロジェクトのサブタイトルは在院生が作成したカードに書かれていた文言から取り、「世代を越えてえがおになる日」となった。

### (3)「かたの七夕&クリスマスプロジェクト」への学院内での取組

在院生には、法務教官から交野市の地理や歴史、七夕などの季節の行事、社会参加の意義についての学習の機会を持った。

取り組む際に一番重要視した点は、「在院生の自発的な参画」という点である。少年たちは毎日7時から21時まで決まったスケジュールのもと過ごしている。そうした中で、指示された活動の外では、在院生たちの自己肯定感を高めることにはつながらないと考えられる。そのため、自分自身の余暇時間で活動したいという手上げで参加者を募った。2022年度は多くの在院生が参加し、短冊や笹飾りを作成した。法務教官も担当している在院生たちがどこまでできるのか、何ができるのかが不明瞭であったため、ある程度のイメージを伝えながら作成に臨んだ。

2023年度には学院の中で、事前学習の段階からプロジェクトチームを作り、法務教官から在院生へレクチャーし、在院生が講師となり、他の在院生へ企画の説明を行った。在院生は企画の意図を汲み取り、高齢者が切りやすい、貼りやすいといったアイデアも盛り込まれた。

高齢者施設の利用者が、在院生の原案を見た際、「私たちが作ることを考えてくれたんやな。私たちも子どもたちに喜んでもらえるように頑張って作らなあかんな」と職員に話をされ、障がいのある方、認知症などの疾患がある方なども積極的に制作に取り組まれた。14か所の高齢者施設が参画し、延べ4000枚の短冊を作成した。

### (4) 両プロジェクトに参画した在院生たちの反応

①一番初めの説明の段階で、在院生から「短冊や笹飾りを作ったとしても、最後はゴミとなるのではないか」という声もあがった。在院生たちのそうした声を踏まえ、み

んなの願い事を天に届けるために神社に奉納し、お焚き上げをおこなう様子を写真撮影し、フィードバックした。

②2023年度の七夕プロジェクトの際は、交野市立保健福祉総合センターのイベントの準備時に在院生1名にも手伝ってもらえた。参加した在院生は、飾り付けの時に実際に子どもたちが書いた短冊を見て「子どもたちのお願いごとの一つ一つが本心で書いていて、ほほえましい。こちらも見ていて嬉しくなります」と笑顔で話してくれた。

③クリスマスカードプロジェクトでは、高齢者施設で作成したクリスマスカードを在院生たちに渡した際に「おじいちゃんおばあちゃんたちが作ったカードを見て、昔に家でクリスマス会をして楽しかったことを想い出しました」と語ってくれた。

### (5) 両プロジェクト後の学院と福祉事業所の関係性の深化

両プロジェクトを通して、市・学院・ボランティア活動者・校区福祉委員・民生委員児童委員・高齢者施設・子ども食堂・支援学校・保育園・こども園・保護司・更生保護女性会・ショッピングセンターなど様々な機関や団体が集い各々のできることを少しづつ重ねることで、支え手・受け手の枠を越えた参加者すべてがやりがいを感じることができる取り組みとなった。

短冊やクリスマスカードを作成した高齢者の皆さんも「来年はどんなことしようかな」と楽しみにされている。

また、この取り組みを通して、学院と福祉事業所との間につながりも生まれた。そのつながりから、在院生対象の介護職員初任者研修のプログラムの講師に、市内の各施設の相談員（介護福祉士）が招かれるようになった。元々、限られた法人が協力していたものを幅広い専門職が担うことで、講義の内容に厚みが増した。講師側も入浴介助の講義の際に、在院生から「入浴時にいい匂いのシャンプーがあればお風呂に入りたくなる」といった素朴な意見からサービスの質の向上につながったという話もあがっている。

### (6) 学びあう姿勢の重要性～人と人との繋がりから生まれる様々な可能性

両プロジェクトの取り組みでは、従来の更生支援の枠組みの中では生まれてこなかった実践を行うことができた。その要因として、携わった人たちが、相手の立場や考え方、想いを対話の中で理解し合い、自身にできることを見つけ、実践したからだと考えられる。その根幹として、お互いに何ができるのかという視点で、「関わるものそれぞれの心が繋がる事業を行う」という共通の目的を設定し、関係機関で対話してきた。そうした目的を持ったうえで、

①学院在院生を地域社会とつなげることで、在院生の自己肯定感を高め、再犯防止につなげること。

②世代を超えた生きがいづくりや、人と人とのつながりを大切にしたいという思いを醸成する。

③地域住民・関係者がプロジェクトに参加することで更生支援について「我がごと」になってもらう。

というねらいを共有し、お互いの支援の仕組みや背景などを学びあいながら進めることができた。結果的に、在院生たちの自己肯定感や有用感を高めるだけではなく、私たち支援者自身も人と人との繋がりから生まれる様々な可能性の広がりを感じている。

在院生たちに対しては、こうした社会参加できる取り組みを通して、「これから先の人生は長いので、どこのタイミングでもやり直せること」「どんなに簡単なことでも、社会に貢献できることはある」ということを伝えていきたい。困ったときに支えてくれる人がいるということも感じてもらえるように、アプローチをし続けていきたいと考えている。現在、アフターコロナの状況となったことから、少しづつ対面でできることも増えてくると想定されるので、さらにもう一歩、一緒に考えて協力しあえる取り組みを行っていきたい。

## 3　子どもたちの権利を護り、健全な育成を育む福祉教育実践

今回取り上げた交野市社協や市内福祉施設等と交野女子学院の協働による特別活動を通して取り組まれている福祉教育実践から特に学ぶべきことは下記の3点である。

①交野市社協や市内の福祉施設等が、同市内にある法務省の管轄である少年院と協働して福祉教育実践に取り組んでいる、まさに多職種協働で取り組んだ福祉教育実践である点

②在院生たちが一方的に支援を受ける存在にとどまらず、様々な高齢者や住民との交流活動を通して、当初、受動的であったが、徐々に主体性を発揮しボランティア学習に発展している点

③社会参加の経験が乏しく、季節の行事ごとに参加した経験が少ないことで、自己肯定感や自己有用感が低い傾向にある在院生の少しでも自己肯定感や自己有用感を高めたいといった学院側の要望に応えて、矯正教育の「特別活動指導」を社協や福祉施設と協働して展開している点

在院生たちは、今まで育ってきた厳しい環境の中で、子ども本来の権利を護られてこなかった状況がある。社会の偏見もあり、今まで自信が持てなかった在院生が、高齢者や住民からの心からの「ありがとう」といった感謝の言葉やねぎらいの言葉と笑顔によって、自己有用感を醸成させ真の「生きる力」を自らが学習していく過程が今回の実践で明らかになった。住民が在院生のためにでもなく、在院生が地域のためにでもなく、このプロジェクトに関わった全ての人々にとってのｗｉｎ－ｗｉｎの関係づくりの福祉共育実践であるといえる。

高大連携事業

# 高大連携による福祉の学び〔その2〕

## 高校側からみた高大連携実践②

吉田高子

**教科「福祉」を教養として展開し、生徒が多様な価値観にふれて世界観を広げ、ものの見方や考え方を深める授業に取り組む。STEAM 教育とアート・デザイン思考に軸足を置いた教科横断、大学・産業界及び地域社会との連携事業を試行中。**

● **profile**
よしだ・たかこ
神戸市立須磨翔風高等学校　福祉科主任教諭・図書館長
民間企業を経て公的機関で研究員として勤務。講演依頼をきっかけに教職の道へ。
専門は精神保健と健康教育。社会福祉士・精神保健福祉士・スクールソーシャルワーカーとしての視点も教職に生かす挑戦の毎日。

### 1　はじめに

本稿では、前号までに報告された高大連携事業における「高校側からみた高大連携実践」に続き、筆者のこれまでの勤務校ならびに現任校での取組みをベースに、教養としての教科「福祉」について著者が今日的課題として感知していることを述べる。教養として「福祉」を展開する高等学校における高大連携事業の一事例として報告する。

（以下、「高等学校」は「高校」と表記）

### 2　教科「福祉」の設置状況

筆者の勤務する神戸市には、介護福祉士や介護関連の資格取得ができる高校はない。市立高校として「福祉」を教科の一つとして展開する高校は、普通科単位制の前任校[※1]と現任校[※2]の総合学科単位制の2校だけである。筆者が現任校に着任して3年目が過ぎようとしているが、同じ教科「福祉」を科目設置しているものの、両校には福祉を教科として設置する背景や経緯、教育課程が異なることから、福祉科の展開状況には当然のことながら違いがある。いずれにしても、教科「福祉」は現在、両校それぞれの特色として結実している。その証左となるものの尺度の一つとして、高校入試の志願率があげられる。特に、現任校の志願率については、筆者の着任以降しか経年変化の把握をしていないが、本年度（来年度入学者選抜）まで連続して県下第1位となっており、中学生・保護者の目に映る現任校の特色に対する期待の表れと受けとめている。

一方で、今日の社会・経済情勢や、その目まぐるしい変化のスピードによって、様々な課題がもたらされている。高校生が自らの人格と、卒業後の進路実現を含めたキャリアを形成して行くにあたって、「福祉」という教科を通してどのような学びを学校が高校生に提供できる場であることが望ましいのか。介護福祉士養成校のように就業に直結する資格取得を目的とせず、大学への入試科目でもない教科「福祉」を教養として設置し、高校生に教科指導をすることについて、単に学校の特色づくりに留まらないところの意味や価値について筆者は思索し続けている。

## 3　教養として教科「福祉」を学ぶ2校それぞれの状況と特色

### (1)　前任校（普通科単位制）の概要

阪神淡路大震災を機に壊滅的な被害を受けた2校を統合・再編して新たに創立された高校である。1学年に360名、3学年で1000人を超える大規模校である。普通科単位制であるが、教育課程として2年次から生徒の興味・関心・進路実現等をふまえて所属する「学系」という学びの柱が設けられており、学系に配置された科目を中心にその他の科目を選択して時間割を作成する。6つの学問領域に対応する学系が設置され、教科・科目を系統立てて学ぶ枠組みとして機能する。社会福祉を中心に学ぶ学系は、福祉・医療及び教育の専門職を目指す生徒、人と向き合う仕事や社会貢献活動に興味・関心をもつ生徒を対象としている。入学時から明確な目的意識をもって福祉を学ぶために所属する生徒が多い。

福祉科の学びの基盤として「社会福祉基礎」と「コミュニケーション技術」（各2単位）を2・3年次での必履修の科目としており、福祉科目の履修が最大12単位まで可能である。SSH指定を複数期受けている学校という面もあり、探究学習の活動をさらに定着・発展させている。著者が系主任として在籍時には、福祉についても教科として、理系科目との横断授業の展開の試みや、より学術的な根拠に基づいた知識・スキルの習得ができるよう内容の精査・向上をはかり、公立大学や関西の難関私大への志願・合格者も輩出することにつなげ、進路選択の幅を広げることにも努めた。福祉から法学領域、倫理学や人道支援学、建築学、社会や国際問題への主体的な関与と課題解決に向かう学際的な領域の分野への広がりにつながっている。

### (2)　現任校（総合学科単位制）の概要

同じ総合学科の他校で見られるような系列やコースが設けられていない。2学期制をとるため、1学年7クラスで編成される280名の生徒は入学して初めての中間考査を終えると次年度の仮の時間割づくりに入る。生徒は、科目の曜日・

時限の帯に配置された科目群から、自身のニーズや興味・関心に応じて教科・科目を選択して個別に時間割を作成する。いわゆるカフェテリア方式での時間割づくりとなる。

その長所としては、より生徒の興味・関心に特化した学びの編成が可能である点があげられる。一方で、前項で述べた前任校の教育課程と比較すると、系統立てた学びという観点においては、福祉も含め教科の学びとして積み上げが難しく、学びが拡散してしまうことが懸念される。しかしながら逆に、前任校の「学系」という枠があることも、生徒の学びを窮屈なものにしている面がある。つまり、一度所属を決めた学系が自身に合わないと気づいても、途中で変更できないという制約が生じている。

教育は生ものであり、生きたものである。連綿と続く活動のプロセスに伴走するのが教員の役割であると筆者はとらえている。主人公はあくまでも生徒自身である。いずれの教育課程にも一長一短があることをふまえて、現任校のように高い選択の自由度故に学びが拡散する懸念があるとしても、福祉の学びが表層的な学びに終わることのないよう創意工夫が求められる。卒業後の進路状況が創立当初とは様変わりし、ほとんどの生徒が4年制大学への進学を志望する今日、かつての〝生徒指導的な意味合いで導入された福祉〟から、生徒の人格形成に資する教科として、さらに、生徒と次の進路先である大学とをつなぐ教科指導としての福祉へと教科横断とSTEAM教育による仕立て直しに努めている。

### (3) 両校の概要の比較検討を通して

両校の教育課程の違いから、教養として学ぶ教科「福祉」の展開には違った課題があり、教員として向き合う姿勢が異なることは想像に難くない。加えて、2校のそれぞれに入学してくる生徒層の違いにも留意した教科指導の工夫が求められる。これまでは教科「福祉」での学びの様相を考える時に、介護福祉士等の資格取得・専門職の人材養成としての教科指導と、教養として学ぶ生徒への教科指導という2分された尺度でとらえられがちであった。教養としての教科「福祉」による学びの幅の広さと奥行きや深さといった観点から、改めて、2校での教科指導の経験と実践から、教養としての教科「福祉」の捉え直しの重要性を感じている。

また、進路指導においては、あくまでも「希望する進路を実現する」ということが両校の方針であり、偏差値という尺度だけを基にその数値が高い大学等を目指すことを最終目的とはしていない。福祉を教養として学んだ後、さらに社会福祉の学びを究めようと大学に進む以外に、追究する領域に学際的な広がりが見られる。教養として学んだ福祉を足がかりにしながら他の学問領域へ翼を広げて行く生徒たちの数は現任校の方が多い。その点は、総合学科の中でも履修の自由度が高い現任校の特徴と言えよう。そのような動向から、教養として福祉を学ぶことが、それ以前より高次で多様なものの見方・考え方につながる、すなわち「自己を拓く術」としての意義と役割を果たしていると考えられる。

## 4 現任校の教育課程と「福祉」の学びのしくみ

現任校は、神戸西高校（普通科）と須磨高校（普通科）とが合併・再編され、市として初の総合学科の高校として創立された。特筆すべきことは、福祉が教科として創設される以前から神戸西高校では学校独自の設定科目として「福祉」を1年次の必履修科目として設定していたことである。その目的は、人間と社会にとって基本的かつ大事なことを福祉領域の題材から取り上げ、〝生徒指導〟の方法として導入することであった。現在、その取り組みは、総合学科では必履修となっている科目「産業と社会」に改編されている。さらに「産業と社会」は、学校独自の科目「人間関係」（1年次・必履修）と読み替えられ、より今日の社会情勢に照らし合わせた題材を福祉領域から中心に精査し、新たな学校を代表する重要な特色として科目展開している。また、「人間関係」は2年次から選択履修できる教科「福祉」での学びにつながる導入科目的な位置づけになっている。

福祉科目は、2・3年次で自由に選択履修できる「社会福祉基礎」（2単位）、コミュニケーション技術（2単位）と、学習指導要領に拠らない学校設定科目として、「福祉住環境」（2・3年次／2単位）と3年次の選択履修として「レクリエーション学」「介護基礎」（各2単位）が配置され、学校設定の3科目の履修条件として、「社会福祉基礎」を事前・併行履修することが課されている。福祉科以外の教科で福祉領域の科目として、体育科で学校設定科目「福祉スポーツ」（3年次／2単位）、家庭科では保育系の科目、理科では医療系の学校設定科目が置かれ、対人支援の理念の部分を「社会福祉基礎」が補完する形で教科連携している。

また、福祉科の中心科目「社会福祉基礎」では、世界と日本の歴史における福祉の今日までのあゆみを中心にしながら、SDGsを含めた福祉の理念、障害領域や公的扶助等をとりあげ、福祉社会の成り立ちと、生徒自身のくらしと人生との連関性から福祉に関する学びを深めて行く授業を展開している。つまり、本時の内容を教科書の単元から単純に取り上げて知識習得を進めて行くような学習活動は極力避けている。福祉の授業を受けながら地政学、英語、他国の文化、ライフサイエンス、心理、法学・倫理、芸術・美学等の領域の学びにもつながる教材開発、授業展開を心がけている。生徒が過去（福祉社会と文化の経緯）・現在（福祉の法制度やしくみ）・未来（ウェルビーング実現の探究）と、学びを進めながら自ずと思考の積み上げができるように授業の仕立て直しに努めている。

## 5 高大連携事業 ～現任校での実践事例～

学校設定科目「介護基礎」では、一人の生活者として日常生活の中でサポートする人と当事者が備えておくことが望ましい介助・介護の理念と知識を学び、スキルを習得する。授業では「支援する」「サポートする」ことが中心となるため、生徒は自らが援助・支援・サポートを「する側」であるという意識になる。その認識をくつがえし、とらわれから自らを解き放ち、多様なものの見方・考え方の体得を目的に実施した高大連携事業の一例を次に紹介する。

1限目　大学教員による講義
　テーマ「下町レトロに首ったけ～おかんアート[※3]とその魅力」

2限目　アーティスト（高齢者）によるワークショップ
　生活用品・身の回りにある物（古タオル）を利用した創作活動

授業で生徒は、これまで「支援する」対象とみなしてきた高齢者に、展覧会を開催するアーティストとして地域や全国を駆け回り、ワークショップではタオルと廃材の活用から素敵な作品を生み出す「先生」として向き合う。（写真1）

アーティストと称される高齢者らは、まちの中でふつうに暮らす市井の人である。生徒はやり方を高齢者から教わりながら作品を完成させるが、実は、日常に楽しみを見出して生きることの技（Art of Living）を学んでいる。さらに、目前で仕上がって行くのは個性豊かなタオル犬であるが、すべての人の生涯が、かけがえのない唯一の芸術作品そのもの（Art of Living）であるということが底流にあり、生徒は高齢者との作品づくりという作業を通して深い次元で〝**反転**〟について感知する。（写真2）

写真1　おかんアート　ワークショップの模様

写真2　おかんアート　完成した生徒作品

「ケア」とは双方向性を伴うものであり、一方的な働きかけは「ケア」ではない。そして、「する側」に立つばかりの経験では相手を「弱者」と安易に見なしてしまいがちである。また、著者はすべての人が「弱者（弱さをもつ）」であり、だれもが何らかの生活課題や生きづらさ、弱点・苦手があり、何らかのきっかけで「弱者」という立場に置かれる。それが人間である。その時々と場合に応じて、する－される、強い－弱い、という立場は容易に反転するものととらえている。ともすると福祉の授業では対象者を「弱者」とみなしがちになる。ところがワークショップでは、支援すべきと思い込んでいた弱者（授業では高齢者）の「（自分よりも）すごいところ」と遭遇する。と、生徒は途端に立場の反転に見舞われ、それまでとは異なる相手との関係性を見出し、自ずと目の前の弱者とみなしていた高齢者に敬意の念が湧き上がる――そのような場づくりを大学と連携しながら設けた。ことさらに障害・者や高齢者をはじめ、支援を必要とする人たちを「理解する」「助ける」ことを強調し、「生徒がやさしい人になるために福祉を教える」という教員の言葉を耳にして、著者が違和感と疑問を抱いた経験が背景にある。

コロナ禍も含め自然災害や事故、紛争によって、ある日突然だれもが弱者という立場になる状況が近年ますます増えている感がある。福祉はある特定の人だけを対象としたものでなく、著者は「みんなのふくし」ととらえている。そして、教科「福祉」の創設以前から「ふくし」とは「ウエルビーング」の実現に向けたいとなみとふるまいではないかと思索し続けてきた。そこにリベラルアートとして教科「福祉」を学ぶことの意義があるのではないか。そして、そのような考えに基づいて今後も大学との連携、そして、接続をして行きたいと考えている次第である。

## 6 結び～共創に向けて～

コロナ禍がようやく落ち着きを見せつつある中で、新学習指導要領や評価のあり方、ＩＣＴの活用による授業づくりやＥｄＴｅｃｈ、ＡＩ・ＣｈａｔＧＰＴの出現、教科横断とＳＴＥＡＭ教育、主体的で深い学びへの誘いと探究学習、といった変化の波と社会の要請が次々と押し寄せている。一方で、未来に向けて不易流行を熟考すべき時を迎えている。高校で教養としての教科「福祉」を実施して行く上で、その運営や授業の展開に試行錯誤を繰り返しながら奮闘する一人として、高校での教養教育、すなわち、リベラルアーツとして教科「福祉」の新たな境地を拓くために、同じように奮闘している方々との熟議の契機にしたいと考えている。

高大連携事業における見解について、前号までの高大からの報告に共感する点も多く、本稿ではこれまでにふれられていない観点について提示できればと考え、思うところを綴ることとした。著者の実践を、教養としての教科「福祉」のもつ可能性へのチャレンジとして受けとめていただけると幸いである。

**注釈**

※1　前任校とは、神戸市立六甲アイランド高等学校をさす。
※2　現任校とは、神戸市立須磨翔風高等学校をさす。
※3　「おかんアート©」についてはネット検索でご参照ください。

ふくし原論

# ふくし教育原論

原田正樹

**Profile**
はらだ・まさき
日本福祉大学学長。博士（社会福祉学）
日本福祉教育・ボランティア学習学会、日本地域福祉学会の会長等を歴任し、2023年4月より現職。

**前回（35号）は、福祉教育と教育福祉の視点から、歴史的な考察をもとに新しい自立の考え方と実践の特徴である「協同実践」の意味について論じた。今回は、教育や社会福祉をめぐる政策動向等との関連についてスケッチ（描写）してみる。**

## はじめに

前回は、福祉と教育の接近性について、福祉教育と教育福祉の視点から論じた。今回は、教育や社会福祉をめぐる政策動向等との関連についてスケッチ（描写）してみる。

福祉教育・ボランティア学習の研究や実践が「タコツボ化」していないかという危機感がある。それは筆者自身の反省でもある。自分にとって関心のある実践を対象化して研究することで焦点化はしても、理論の拡張性は捨象されてしまう。以下は私自身の視野を広げるための論考でもある。

## 1 ユネスコ教育勧告の改定をめぐって（グローバル・シチズンシップ）

２０２３年11月のユネスコ総会にて、１９７４年の総会で採択された「ユネスコ教育勧告」が50年ぶりに改訂された。日本国際理解教育学会はいち早く２０２４年1月にシンポジウムを開催し、50年ぶりに改訂された新しい教育勧告の内容について、その経過や内容について検討された。

今回の改訂の背景には、戦争や暴力、人権侵害や差別の拡大、自然環境破壊の深刻化などプラネタリー・バウンダリー（地球の限界）という危機意識の共有と、現実的な危機に対しての持続可能な社会開発という視点から、教育に対しての切実な期待とその改革にむけての実現を求めている。

勧告では、これまでの個人主義、合理主義、人間中心主義という近代社会の価値観に対する見直し、国家レベルを絶対視せず、地球（プラネットアース）におけるグローバル・シチズンシップを育むカリキュラムの必要性が述べられている。具体的には、14の主導原則、12の学習目標などが示された。主導原則のひとつに「(d)共生的（convivial）な関係や隣人意識、連帯感を醸成するという視点から、互恵的関係性と共感共苦（compassion）の心を培い、ケアと連帯の倫理を促進する」（仮翻訳：国際理解教育学会）がある。この共生やケアという考え方が非常に重視されていることに、福祉教育・ボランティア学習としては注目したい。

この新しい勧告に即して、福祉教育・ボランティア学習の知見を検証したときに、これまでの考え方と重なる部分もあれば、従来の理論を見直し、新たな視点を強調していく必要性に気づく。そのことは、これまで本学会が研究課題として取り組んできたESDやSDGsとの関連でも同様である。

第28回大会（こうべ大会2022年開催）で学んだことは、SDGsの17の目標のうち、福祉教育・ボランティア学習は「どこに当てはまるか」ではなく、直面している課題を軸にしながら、他の目標との関連を考えていくという視点であった。誰のための持続可能な社会なのかを考えたとき、それは権力者や資本家のためではなく、No one will be left behind、誰一人取り残されないような社会をつくるという理念が基盤である。SDGsで大事にされる5つのP - People, Planet, Prosperity, Peace, Partnership、つまりSDGsは人間、地球、豊かさ、平和のための目標であり、国際社会のパートナーシップにより実現をめざす。それゆえに17番目のパートナーシップは実現手段として重要である。

福祉教育・ボランティア学習は「いのち」の持続性という視点からの学びを大切にしてきたが、そうであれば今まで以上に、この他分野とのパートナーシップを意識した実践を視野に入れていく必要がある。

また第29回大会（新潟大会2023年開催）では、豊かさとは何かというテーマのもと、新潟水俣病との向き合い方や、当事者による文化芸術活動と福祉教育・ボランティア活動について議論を深めた。学会としては、従来のような障害や高齢の理解といった対象を限定した福祉教育ではなく、環境と人権の問題、ユニバーサルな表現や参加の在り方、さらには文化や芸術と「ふくし」という、より広い視野と価値観を創出する方向性を模索してきた。

しかしながら、福祉教育・ボランティア学習が地球市民を育むという発想、あるいは現代の社会課題の解決や近代的な価値観を問い直すという志向性がどこまで実践のなかで深められてきているのかと問われると、相変わらず疑似体験に留まっている現実もある。

こうした現在の学会活動のめざす方向性と、ユネスコの新しい教育勧告をしっかりと分析をしながら、これからの福祉教育・ボランティア学習を構想していく必要がある。ただしそれは単に、視野を広げて枠組みを拡張すればよいというのではない。ユネスコ教育勧告に基づいて、福祉教育・ボランティア学習の固有性を明確にしていかなくてはならない。

## 2 福祉教育・ボランティア学習について

1995年に学会が設立されたときから、この長い名称と福祉教育とボランティア学習の関係について、つまり「・」（中黒または中点）について様々な論考を重ねてきた。設立当初の経緯や当時の考え方については、名誉学会員の阪野貢先生が詳細にまとめられている（「福祉教育とボランティア学習―その固有性と関連性をめぐって」『日本福祉教育・ボランティア学習学会研究年報第3号』1998年）。

筆者は、1998年当時、福祉教育とボランティア学習の関連については、以下のように考えていた。

二つの実践の相違点は、実践の目的、方法、学習素材、対象という視点から整理することができる。福祉教育もボランティア学習もその実践の目的は、ノーマライゼーションを具現化し、豊かな福祉文化を創造していくために、自己実現を図りながら、福祉課題を解決していく実践力、つまり「共に生きる力」を形成していくことにある。そのために用いられる方法として、自らの日常生活と福祉課題とを結びつけるために、実際に体験を通して学ぶという「体験学習」を重視している点で共通している。しかし、その際の学習素材として、ボランティア学習は社会福祉のみならず、幅広く環境問題や国際貢献などボランティア活動全般を対象としているのに対して、福祉教育では基本的人権を基盤とした社会福祉問題を取り上げている。またボランティア学習は活動実践の伴うボランティアを対象としているのに対して、福祉教育は子どもから大人まで、また福祉サービスの利用者も含めてすべての地域住民がその対象としている。

地域住民は、福祉教育を通して「共に生きる力」を育みながら、一人ひとりが地域福祉を推進する力を身につけていく。その過程にボランティア活動が位置づけられるが、福祉教育は決してボランティアの養成を意図しているものではない。

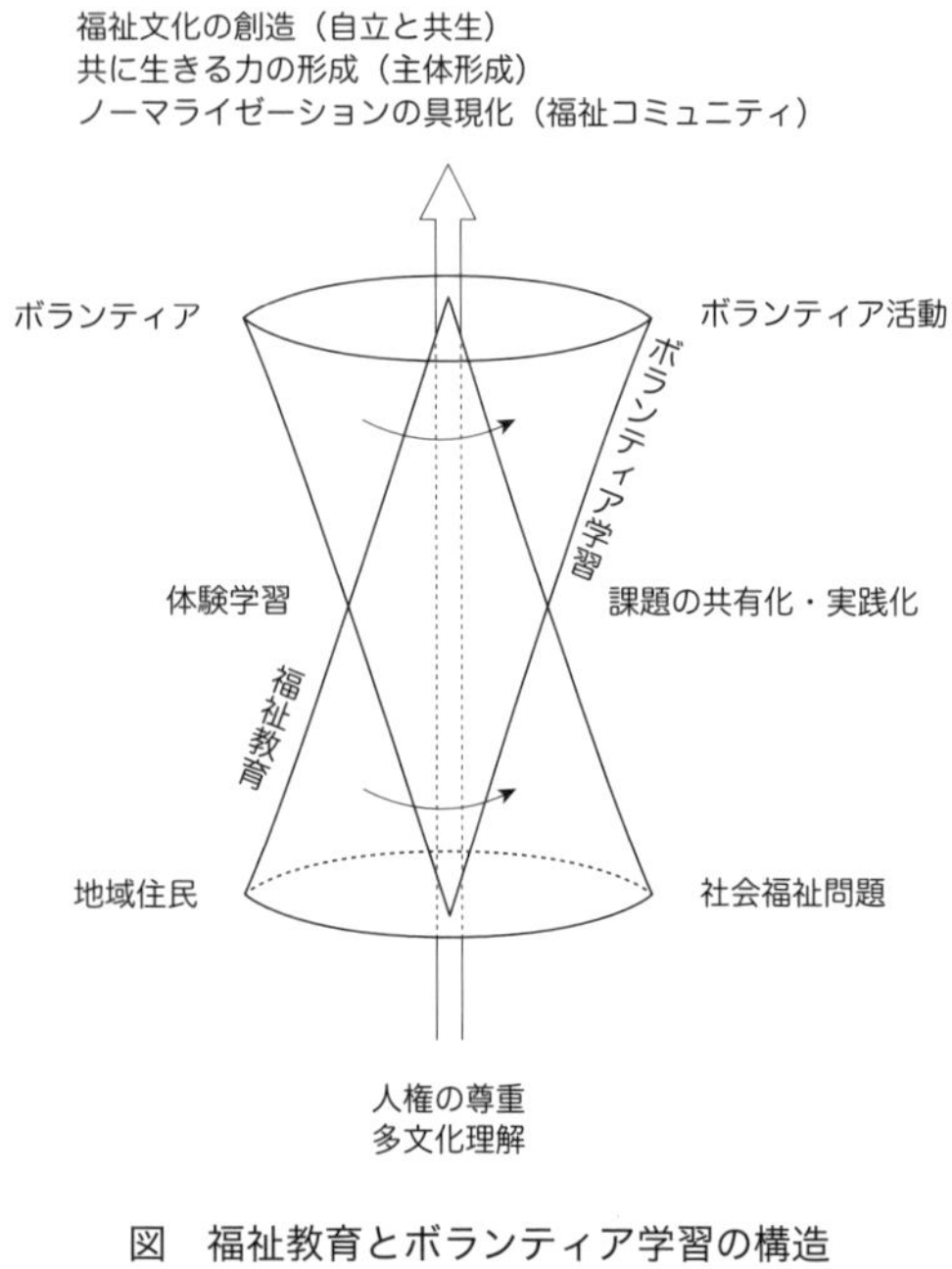
福祉文化の創造（自立と共生）
共に生きる力の形成（主体形成）
ノーマライゼーションの具現化（福祉コミュニティ）
ボランティア
ボランティア活動
ボランティア学習
体験学習
課題の共有化・実践化
福祉教育
地域住民
社会福祉問題
人権の尊重
多文化理解

図　福祉教育とボランティア学習の構造
出典　拙稿「福祉への意識―共に生きる力を育む福祉教育―」伊藤篤編『子どもの生活と発達』学術図書出版、1998年一方、**ボランティア学習は社会的な自主活動の必要性とその日常化を目指して行われるもので、ボランティア活動を通して自らが学ぶというところに特徴がある。**

（「福祉への意識―共に生きる力を育む福祉教育―」伊藤篤編『子どもの生活と発達』学術図書出版、1998年）

福祉教育とボランティア学習は、構造的に重なりあうところがあり、方法や学習素材、対象に違いはあるものの、目的である軸は同一であるという整理である。つまり福祉教育＝ボランティア学習ではない。しかし「目的」を共有する営みだからこそ、「福祉教育・ボランティア学習」はワンワード（ひとつの概念）で語られる必要があるという立場である。ただしこの用語に固執しているわけではない。このことを表現できる相応しい新しい用語があれば、積極的に検討していくことも大事だと考えている。

今回のユネスコ教育勧告を参照すると、このときの考え方ではグローバル・シチズンシップという視点が弱いことがわかる。あわせて環境、経済、政治といった社会的構造のなかで福祉教育・ボランティア学習の固有性を確立していかないと、他分野に受け入れてもらえない。その際の鍵概念になるのが、教育勧告で強調された「ケアと連帯」ではないかと考える。

## 3 第4次教育振興基本計画（教育とウェルビーイング）

教育振興基本計画は、教育基本法（平成18年法律第120号）に示された理念の実現と、我が国の教育振興に関する施策の総合的・計画的な推進を図るため、同法第17条第1項に基づき政府として策定されるもので、現在は第4次（2023年～2027年）計画が推進されている。

第4次計画の背景として、「・新型コロナウイルス感染症の拡大、・ロシアのウクライナ侵略による国際情勢の不安定化、・VUCAの時代（変動性、不確実性、複雑性、曖昧性）、・少子化・人口減少や高齢化、・グローバル化・地球規模課題、・DXの進展、AI・ロボット・グリーン（脱炭素）、・共生社会・社会的包摂、・精神的豊かさの重視（ウェルビーイング）、・18歳成年・こども基本法等の動向」が述べられている。

こうした背景を踏まえて、計画では2つのコンセプトを示している。①2040年以降の社会を見据えた持続可能な社会の創り手の育成、②日本社会に根差したウェルビーイングの向上である。そのうえで、5つの基本的な方針が示されている。①グローバル化する社会の持続的な発展に向けて学び続ける人材の育成、②誰一人取り残されず、全ての人の可能性を引き出す共生社会の実現に向けた教育の推進、③地域や家庭で共に学び支え合う社会の実現に向けた教育の推進、④教育デジタルトランスフォーメーション（DX）の推進、⑤計画の実効性確保のための基盤整備・対話。これらを踏まえて、具体的に16の教育政策目標と基本施策、指標が示されている。

福祉教育・ボランティア学習との関連でいえば、第4次計画で強調された「教育とウェルビーイング」に注目したい。計画では「日本発・日本社会に根差したウェルビーイングの向上」として、日本の社会・文化的背景を踏まえ、自己肯定感や自己実現などの「獲得的な要素」と、人とのつながりや利他性、社会貢献意識などの「協調的な要素」を調和的・一体的に育み、日本社会に根差した「調和と協調」に基づくウェルビーイングを、教育を通じて向上させていくこととしている。

そこで具体的には、3つの視点が示された。①不登校やいじめ、貧困など、コロナ禍や社会構造の変化を背景として子供たちの抱える困難が多様化・複雑化する中で、一人一人のウェルビーイングの確保が必要であること。②子供・若者に、つながりや達成などからもたらされる自己肯定感を基盤として、主体性や創造力を育み、持続可能な社会の創り手の育成を図る必要があること。③地域における学びを通じて人々のつながりやかかわりを作り出し、共感的・協調的な関係性に基づく地域コミュニティの基盤を形成していくこと。

ここまで読まれた読者は、福祉教育・ボランティア学習の理念と重なる部分があまりにも多いことに気づかれると思う。しかしながら、16の目標と基本施策のなかでは、福祉教育・ボランティア学習で積み上げてきた実践につながる内容は全くふれられていない。もっとも関連のありそうな「7．多様な教育ニーズへの対応と社会的包摂」にむけての具体的な施策や指標は、障害児、外国人、不登校児対策（不登校特例校の設置）、子供の貧困対策などである。異なるニーズによる対象分類とその支援策だけが明示されているにすぎない。

また、マスコミをはじめ多くの関係者は、「教育投資の在り方」に注目した。先述した「教育とウェルビーイング」よりも、GIGAスクール構想など教育デジタルトランスフォーメーション（DX）の推進、数理・データサイエンス・AI教育などデジタル人材の育成が現代的な教育課題として報道された。DXの推進を批判しているのではない。そもそも教育を投資行為として認識してよいのかを問いたい。未来に必要な教育内容であることは異論ないが、それは社会的に投資する類のことではない。技術革新も含めて安定した社会基盤を形成すればよいのである。むしろ投資的な発想のもとで、費用対効果が重視され、合理性や効率性が優先されることで、今日の格差社会など社会問題を生み出してきたとするなら、その視点からの批判的な分析が必要である。

それは教育の分野だけのことではない。「教育投資」と同様に、社会福祉の分野では最近「生産性の向上」が流行りである。とくに介護保険では介護現場における生産性の向上を図るべく施策が推進されている。単純に業務改善と同義語として使われるときもあるが、教育や福祉の分野に、わざわざ「投資」や「生産性」という用語を特別な解釈までして持ち込む必要はないのではないか。今は用語に違和感を覚える人も多いが、やがて慣れていくことで勝手に解釈がすすみ、教育や福祉の世界の本質が歪められていくのではないかと危惧するのは老婆心であろうか。

## 4 「共に生きる力」を育むことを後押しする施策

社会福祉法第106条の3で示された包括的支援体制の整備として、地域の基盤づくりでは「地域住民等に対する研修の実施（地域福祉活動への関心の向上及び参加を促すとともに、活動を更に活性化）」が指針（厚生労働省告示第355号）のなかで具体的に明記されている。

同法第106条の4では重層的支援体制整備事業が法定化されているが、地域づくりにむけた支援として具体的に「多分野のプラットフォーム形成など、交流・参加・学びの機会のコーディネート」が示されている。

しかし包括的支援体制の構築や重層的支援体制整備事業に関わっている職員でも、このことを意識している者は少ない。いわんや通知等には、福祉教育・ボランティア学習と表記されていない。関心の向上、参加、学びの機会を福祉教育・ボランティア学習と解釈できる力も必要である。

また同法第24条第2項による社会福祉法人の地域における公益的な取組として、住民に対する福祉に関する学習会や介護予防に資する講習会などが例示として示されている。（福祉基盤課長通知　社援基発0123第1号）

社会福祉法人、福祉施設が福祉教育・ボランティア学習の拠点になっていく必要がある。その根拠のひとつとして、法改正の内実と各種の通知を踏まえることも有効である。

2024年4月から「孤独・孤立対策推進法」が施行される。この法律は、社会の変化を踏まえ、日常生活若しくは社会生活において孤独を覚えることにより、又は社会から孤立していることにより心身に有害な影響を受けている状態にある者への支援等に関する取組（孤独・孤立の状態となることの予防、孤独・孤立の状態にある者への迅速かつ適切な支援、その他孤独・孤立の状態から脱却することに資すること）について定められている。

対策や支援は重要であるが、対処療法だけでは解決に至らない。孤独・孤立を生まない社会にしていくこと。そのために孤独・孤立にならないつながり、安心して支援が求められるしくみなど、「予防」が重要になる。そのひとつとして重点計画では、幼少期からの「共に生きる力」を育む教育や豊かな人間関係づくりの重要性が盛り込まれた。

重点計画では「共に生きる力」を育む教育について、「多様な人や地域と関わって多様な生き方を認め合うことを理解する体験、自他尊重のコミュニケーションスキルを育む機会、社会保障についてその活用方法を含めて知る機会、地域福祉を学ぶ機会などを、学校教育や社会教育などの場、学校教育と社会教育の協働の場で設けること」とされている。まさに福祉教育・ボランティア学習の出番である。

ふくし最前線

# 児童養護施設で暮らす子どもの権利擁護

## 現場最前線での思い

桑原教修

● profile
くわはら・のりひさ
社会福祉法人舞鶴学園理事長（統括施設長）
1945年生まれ。同志社大学神学部卒業。児童養護施設舞鶴学園の児童指導員を経て1989年に同施設長。2001年に法人移転事業実施。児童養護施設を大舎制から小舎制に移行。2017年より全国児童養護施設協議会会長。

### 1 はじめに

児童養護施設[※1]の立場から「子どもの権利擁護」について述べるには、施設の起こりや歴史（歩み）について、先ずは述べなければなるまい。筆者が出会った大学入学時（1963年）の養護施設（現児童養護施設）は、衣食住の全てが貧困であったことを思い出す。以来60年余、施設に身を置いて時代の変遷を経験してきたが、この間を振り返りつつ本テーマを考えてみたい。

### 2 児童養護施設の歴史

◆戦後と児童福祉法

児童養護施設の歴史は、全国各地に存する個々の施設の創立経緯や背景によって、ことごとく異なる。例えば、筆者がたずさわっている児童養護施設「舞鶴学園」は京都府舞鶴市に位置し、戦時中は軍港としての歴史を有する地にある。戦後、引揚げ港として大陸からの引揚げ者66万人余を受け入れた港でもある。当時、わが国の戦災孤児が12万数千人といわれた戦後の混乱期、行き場を失った子どもたちの姿に心を痛めた先達が、私財を投げ打って仲間とともに「財団法人日本青少年自彊《じきょう》学会（1946年）」を設立し、養護を始めたという。これが、当法人の起こりである。児童福祉法の制定（1948年）により全国各地に誕生した養護施設も、当施設がそうであったように、それぞれの地域の実情から社会的な要請の中で誕生していったものであるといえよう。そういった窮状を放置できないとした先達には、子どもの未来に希望を託す願いともいえる熱い心情があったのだろうと想像するのである。創設時11名の児童を保護して始めた養護は、児童福祉法の成立によって定員50名の養護施設として社会福祉法人の認可（1948年）を得ることになった。現存する創成期のケースからは、母子の浮浪や極貧といった戦後社会の凄まじい混乱の実態をうかがい知ることができる。我が国の児童養護施設の約5割が、戦後の10年間に設立されている[※2]こと、さらにその後も施設の必要性から増加していった経緯を考えると、戦争がもたらす負の遺産が、如何に立場の弱い子どもや家族に及んでいるかを思い知らされるのである。

## ◆最低基準と劣等処遇の原則

児童福祉法では最低基準（児童福祉施設の設備及び運営に関する基準、1948年）が示され、施設にはその基準をクリアした運営が求められてきた。ナショナルミニマムとしての社会的養護は、その時代の要請に応えていくことを役割としてきたが、必ずしも十分な施策やそのいとなみが、社会によって支持されながら行われてきたわけではない。むしろ社会との闘いの中で歩んできた歴史であるといった方が、60年前に施設と出会ってからこの世界に関わってきた筆者には、腑に落ちるのである。施設現場の目線で申し上げるならば、福祉にあずかるものは一般以下であるべきという考え方〈劣等処遇の原則[※3]〉が、広く深くわが国を支配してきたのも事実である。したがって施設への理解よりも偏見や差別の対象として、あるいは必要悪として捉えられてきたといってもいいだろう。しかもマイノリティ故に、社会全体の問題として話題にすらのぼらない存在であったといえる。

児童福祉法によって公的機関となった養護施設は、以来、各時代の要請に応える形で歩んできた。ここでは、我が国の社会的養護がその多くを施設養護にシフトしてきたことに関しても述べておきたい。

敗戦後、児童福祉法によって示されたわが国の社会的養護は、①個人家庭への保護委託、②養子縁組の斡旋、③集団保護[※4]というものであった。『里親等家庭養育の運営に関して（家庭養育運営要綱、1948年）』にあるように、親族里親を含めた里親委託を推進する方向に舵を切ったのである。

（資料1）　職員配置の推移

| 児童養護施設の職員配置（児童：職員） | | | |
|---|---|---|---|
| | 3歳未満 | 3歳～5歳 | 6歳～ |
| 1948 | 10:1 | 10:1 | 10:1 |
| 1964 | 5:1 | 9:1 | 9:1 |
| 1966 | 5:1 | 8:1 | 8:1 |
| 1968 | 5:1 | 7:1 | 8:1 |
| 1970 | 3:1 | 6:1 | 8:1 |
| 1971 | 3:1 | 5.5:1 | 7.5:1 |
| 1972 | 3:1 | 5:1 | 7:1 |
| 1976 | 2:1 | 4:1 | 6:1 |
| 2012 | 2:1 | 4:1 | 5.5:1 |
| 1948～2012 | | | |

ソーシャルワークとの併走を謳いつつ1958年には、9489名が里親委託された数字が残っている。だが、その翌年1959年には35000名余が全国551カ所の養護施設に保護されているとある。里親委託が伸び悩んだ理由としては、①養子縁組困難、②親のいるケースの増加、③課題を抱えた子どもの増加等が挙げられている。そうした背景から必然的に施設養護を中心に据えた文化が作られていったと思われる。結果として、行政処分（措置）の受け皿として、良くも悪くも施設利用が肥大化していったといえる。ただ収容保護を優先したばかりに、子どもが育つことに何が不十分で何が必要なのかという議論がなおざりになり、受け皿となる施設の職員配置（**資料1**：職員配置の推移）等の体制整備は追い付かず、限られた職員での対応を余儀なくされたことから、施設運営は、管理保護の傾向にあったといえる。

## 3　時代の変遷と施設運営（閉鎖性）

厚生省児童局は、1954年に「養護施設運営要領」を示し、施設運営形態の基本的条件として、家庭的な環境と児童が集団生活によって十分に能力を発揮できる環境を求め、施設長の管理能力を考えると収容人数は50名までが適当とした。50年代初期からは、戦後そのままの劣悪な環境にある施設の問題や福祉理念に基づいた養護理論の構築を指摘するなど「ホスピタリズム論争（**資料2**）」が起こり、施設運営の閉鎖性や地域に開かれた施設のあり方が論争の中心となっていった。

70年代はコインロッカー事件が勃発した。1970年（2件）、1971年（3件）、1972年（8件）、そして1973年には46件と嬰児がコインロッカーに放置されるといった事件報道が続いた。80年代に入ると校内暴力や家庭内暴力、サラ金、薬物依存といったことが社会問題となり、社会的養護関係ではサラ金（消費者金融）の影響から家庭崩壊によって入所児童が急増した時代でもある。その他、離婚による父子家庭の増加などが話題となった。中でも全国的に中学校における校内暴力が吹き荒れたことによって、中学生を抱える養護施設にとっては激動の時代であったともいえる。90年代

（資料2）　ホスピタリズム問題

全国児童養護施設第60回記念誌（元東海大教授 瀧口桂子 より）

- **ホスピタリズム論争（1950年代前半～　）**　石神井学園　堀文次施設長論文
  - **①発達の遅滞（身体的、知的、情緒的発達）**
  - **②神経症的傾向**
  - **③対人関係の障害**
- **背景：劣悪な環境、福祉理念に基づいた養護理論の構築**
  **GHQ公衆衛生福祉部より方向性の示唆**
- **ホスピタリスムス研究（1952～1954：長谷川貞夫）厚生科学研究**
  - **①里親制度の確立（乳幼児は里子が原則）**
  - **②小舎制度の導入（12才以下は寮舎的施設は避ける）**
- **対象児童の質的変化**
  **入所以前の家庭環境による影響で子ども自身に何らかの問題が見られる。養護方法や施設の役割機能の新たな検討が必要。**

に入ると、親の精神疾患や経済的貧困、育児放棄や身体的暴力などが社会問題となり、一般家庭における子ども虐待が度々報道されるようになったが、社会的養護の現場からも児童福祉施設で起こる権利侵害が事件性をもって新聞やテレビで報道される等、子ども虐待の顕在化が指摘・深刻化したことから、議員立法による「児童虐待の防止等に関する法律（2000年）」の公布に至ったと受け止めている。

## 4 権利条約と高校生交流会

### ◆施設内権利侵害報道

〈児童の権利に関する条約〉（以下、権利条約）が国連で採択されたのが1989年である。我が国は1994年4月に批准し、158番目の批准国となった。その年の8月に開催された〈第7回全国養護施設高校生交流会（**資料3**）〉では、参加高校生がアシスタントとともに日本国憲法や権利条約について学び合ったのである。筆者は第3回大会京都大会の現地責任者として関わってから、毎回アシスタントとして交流会の運営に携わっていた。

第7回交流会では、大会運営の根幹である分散会（班単位で実施）の全体責任者であったが、高校1年女子の班を担当させてもらいながら役割を務めていた。中学卒業後5ヶ月余の高校生活であることから、自分の意見を他者の前で発言する力はまちまちであった。全国各地の施設から参加するため、生活の違いや将来への見通しなど他施設の高校生の発言には興味・関心を持っていると思っていたのだが、自己紹介が終わって、テーマが「施設生活」になった途端、「こんな話し合いは意味がない」とメンバーの1人が発言し始めた。

（資料3）全国養護施設高校生交流会（1988～1998）

| | 開催年月日 | 場所 | 府県 | 施設 | 高校生＆アシスタント | 合計 | 備考 |
|---|---|---|---|---|---|---|---|
| 1 | 1988/8/22~26 | 鳥取 | 8 | 12 | 高校生25　アシス14 | 39 | F&K創始 |
| 2 | 1989/8/07~11 | 美深 | 20 | 38 | 高校生74　アシス24 | 98 | |
| 3 | 1990/8/08~11 | 舞鶴 | 26 | 63 | 高校生154　アシス43 | 197 | 全養主催 |
| 4 | 1991/8/11~14 | 高山 | 26 | 88 | 高校生165　アシス92 | 257 | 厚生省後援 |
| 5 | 1992/8/08~11 | 望月 | 27 | 89 | 高校生156　アシス76 | 232 | 大会宣言文作成 |
| 6 | 1993/7/23~31（7/28~8/08） | 秋田 | 25 | 56 | 高校生130　アシス57（児童32＆付添10） | 229 | アジア児童交流事業 |
| 7 | 1994/8/16~19 | 小倉 | 30 | 78 | 高校生157　アシス69 | 226 | |
| | 1995/8/10~12 | 鳥取 | | | 高校生78　アシス52 | 130 | フオーラム開催 |
| 8 | 1996/8/06~09 | 珠洲 | 28 | 58 | 高校生102　アシス61 | 163 | 宣言文作成立会い |
| 9 | 1997/8/05~08 | 松山 | 41 | 51 | 高校生87　アシス26 | 113 | 報告書無 |
| 10 | 1998/8/04~07 | 松島 | | | 高校生89　アシス34 | 123 | |

暮らす施設での体罰に触れながら、取り扱われ方がおかしいと発言したら暴力的制裁が待っていること、それを批判した職員は辞めていったこと、施設批判を繰り返しながらこれからも施設生活への期待はもてないと言い放ったのである。高校生という年齢は、自分の考えを整理して表明できる年齢であることや、施設ではリーダー的立場にある高校生が主体的に生活をつくっていくことの大事さ等を時折話題にしながら、野外活動を含めた3日間のプログラムを共にした。その間は、打ち解け合える環境づくりに必死だったことを思い出す。

最終日、「自棄を起こして中退なんかするなよ。高校はどんなことがあっても続けるんだぞ」と握手して別れたのだが、筆者にとっては何の力にもなれない現実に無力感を覚えながら、自施設の業務に戻ってから、時間とともに彼女のことを思い出すことも少なくなっていた。翌年の5月末、突然、施設内虐待報道がテレビで流れた。退職した職員と女子高校生が新聞社に訴えたことから明るみになったとのこと。衝撃が走った。あの時の高校生だと直感した。交流会以降9か月余、その間、悩み続けていた本人のことを思うと、言葉を失った。その後、報道された施設については、弁護士会などの是正勧告といった動きがあったと聞く。高校生交流会に携わってきた者として、高校生という当事者の声を直接聴きながら何もできなかった不甲斐なさは、筆者にとって、未だに悔いの残る忘れられない教訓である。事件報道後、第10回まで開催された全国養護施設高校生交流会だが、本報道に対する意見の不一致からアシスタント離れが起こり、全国の交流会開催は打ち切られたまま今に至っている。

この時期、全国的に児童養護施設における施設内虐待報道が立て続けに報道されていった。施設運営のあり方や養護理念の貧しさが追及された時代であった。その一方で筆者は、権利条約の下敷きとなった「子どもの権利の尊重(1929年)」の著者であるヤヌシュ・コルチャック(本名ヘンリク・ゴールドシュミット)を描いた映画『コルチャック先生』(アンジェイ・ワイダ監督)の存在を知り、1995年のブロック研修会参加者全員で鑑賞し、あらためて施設で暮らす子どもたちの人権について学ぶ機会を得たのである。前述の報道機関に訴えた女子高生の行動から、養育の質を追求する姿勢を貫くことが子どもたちを守ることになり、ひいてはともに生活を創り合い・養育を語り合える施設文化の構築に繋がることを学んだのであった。

## 5　法人移転事業

2001年秋、法人の移転事業を実施した。さかのぼること1995年に法人理事会にて大舎制から小舎制[※5]へと養育の仕組みを変える決議を得た。移転先を決定してから5年がかりの大事業だった。全てがコンクリート造りで天井が低く、一般家庭が営む生活様式とはかけ離れた旧建物(構造)からの脱皮を求めたのである。主な理由としては、①発達課題を抱えた児童や虐待を受けた児童の増加によって、大きな集団で育ちあう旧来のやり方は通用しなくなってきていた。②子どもたちはやがて家族をつくる人になるが、そのための学びを得られる暮らしを求めた。③新事業で乳幼児を預かる子育て支援事業[※6]に取り組むには、決して十分とは言えない環境であったこと等である。

移転候補地に隣接した地域（新たに造成された新興住宅地）から移転事業に対する反対の声があがった。過去に迷惑をかけた事例による批判や高齢児の集団が近くで暮らすことへの不安等、激しい口調で理不尽ともとれる発言を浴びせられた。子どもたちが暮らす家の設計図には、隣接地域に面する窓の全てをハメゴロシの窓にするよう迫られた。反対のための反対であった。5年間で延べ25回の説明会を開いた。背景には児童養護施設への偏見があることは明白であった。屈することは、子どもや職員の尊厳を放棄することであり、施設への偏見を助長することになると自身に言い聞かせながらの地域交渉であった。当時、園長室の前には子どもたちからの意見を投函できるようにと意見箱が置かれていた。「園長先生がんばって！」「新しい家を待ってます！」と意見箱に入れられた子どもたちの手紙が〈お守り〉だった。

ある日、移転事業に向けて動いていることを知る地元紙の新聞記者A氏が、取材を兼ねて説明会の会場に現れた。壮絶ともいえる場面を知ることになった。その翌日、「説明会は順調に進んでいるものと思っていた」「園長が、こんなに苦労していたとは知らなかった」と涙されたのである。移転直後の2001年12月、地元紙に掲載されたA氏の記事を紹介する。

〜児童養護施設「舞鶴学園」が開設55周年の今年、浜から泉源寺に移転した。保育所や小舎制の住宅を作る大事業で竣工式の日、青木信一理事長ら関係者の喜びも大きなものだった。▼中でも園長の桑原教修さんはどんな思いでこの日を迎えたろうか。桑原さんは学生時代に初めて学園を訪れた。そこで出会った子供が言い放った。「どうせ終わったら帰るんでしょ」。どうしてもその言葉が頭から離れず、卒業後今度は職員として来た。▼学園は何らかの事情で家庭で過ごすことが出来ない子供たちを迎えてきた。そこには戦後の繁栄と裏腹の社会の歪みがある。こうした困難な課題を突きつけられる中、桑原さんは「子供たちが学校から走って帰ってきてくれる施設にしたい」といつも話してくれた。▼移転計画の決定後、地元と粘り強い話し合いを重ね、行政とのなれない交渉ではジレンマを感じた。一度は体調を崩した時もあった。そんな経過の末、施設が完成した。引っ越し後、職員の誇らしげな顔と子供たちが学校から急いで戻ってくる姿を見て、「何とも言えない」ともらした。▼いま学園は虐待を受けた子どもや養育を放棄する親らの対応に追われているが、彷徨う子供と大人の姿は施設の外でも普通となってきた。施設は過去利用者や関係者のみの特別な世界と思われがちだったが、今後は孤立した社会に何かの力を与えてくれると思う。▼学園は子供たちが迷わないように光を灯し続けている。その光はいつしか周囲をも照らすようになった。桑原さんと学園の存在に励まされてきた一人として、その光に希望を託したい。（木）〜

各自治体には、〈福祉のまちづくり条例〉が制定されている。当該地区も同様であったが、移転計画時の条例には、子どもの育ちを考えるといった視点はほとんどなかったといえる。老人や障碍者の視点が色濃く反映されていたように思う。例えば、障碍者用トイレについてである。管理棟には障碍者用トイレが設計されており、敷地内に点在する7軒の家には、一般家庭用に準じた設計となっていた。条例違反としてすべての建物に障碍者用トイレを設置するよう設計変更を迫られたのである。子どもの自立は、多少の不便さを経験することで、それをクリアしながら生きる知恵を獲得していくものだと反論したところ、返ってきた説明は、各建物が屋根で繋がっていないから条例に反するというものであった。社会的

養護の子どもたちが守られるということは、どういうことなのか。子どもが育つということに理解をもたない人たちが、条例づくりに加わったのだとしか思えない事実に、唖然としたのであった。激しいやり取りの末に子どもたちの家は、障碍者用トイレの最低条件を満たす形で終結したのだが、このような問題は、他の自治体でも同様に起こっていたと聞く。そもそも子どもが育つということはどういうことなのか。子どもたちの未来が霞んでしまったことを思い出すのである。

## 6　改正児童福祉法（2016年）と新しい社会的養育ビジョン（2017年）

2016年、国連で採択された「児童の権利に関する条約（1989年）」を下敷きとした児童福祉法の改正が行われ、《全ての子どもたちの最善の利益》を追求する理念が明確化された。その後、当時の厚生労働大臣のもとに設置された「有識者会議」によってとりまとめられたのが「新しい社会的養育ビジョン（以下、養育ビジョン）2017年8月」である。その主な論点は次の通りである。

①家庭養育優先原則
②里親委託率の数値目標
③「家庭における養育環境と同様の養育環境」としての里親委託優先
④「できる限り家庭環境」の確保に向けた施設整備

さらに、数値目標を掲げ、向こう10年間で施設の変革を求めたのである。以下は養育ビジョンが掲げた数値目標の一部である。

・5年以内に年間1000人以上の特別養子縁組を成立
・就学前の新規措置入所を原則停止
・3歳未満は5年以内に里親委託率を75％以上に
・就学前は7年以内に里親委託率を75％以上に
・学童期以降は10年以内に里親委託率を50％以上に
・施設の滞在期間：学童期以降は1年以内。特別なケアが必要な子どもであっても3年以内を原則とする

児童養護施設を「ハンセン病療養所」に例えて、養育ビジョンによって施設を開放できるとした有識者会議のメッセージは、かって施設で暮らしていたケアリーバー（社会的養護経験者）や施設で暮らしている子どもたち、そして施設従事者の尊厳をも踏みにじった。子ども時代の否定や福祉労働に対する差別発言として消し難い汚点を残したといえる。何をもってして有識者なのか、愕然たる思いである。

養育ビジョンの発出以降、施設を否定することによって自らの優位性を確保するかのような、あるいは児童養護施設をターゲットにすることで市民権を得られるような空気感が続いているように思う。他者を否定することで自らを正当化する考え方は、差別や偏見を生む構造と同じである。改正児童福祉法によって理念が明確化されたことは評価するとしても、施設を否定することで養育ビジョンを正当化する論理は、ますます施設への偏見と差別感を助長したといっても過言ではない。しかも養育を担う現場を無視した数値目標の設定が、そもそもボタンのかけ違いである。児童養護施設70年余の足跡は各法人が先達の志を引き継いで、その理念を守り、且つ各時代を繋いできたものである。仮に、舵を切るとしても、養育の専門性を積み上げてきた施設現場の知を生かしながら

丁寧に進める必要があったはず。しかしながら、有識者とされる委員の意見をもって施設を一括りにしたこと、施設を社会悪的なものとして取り扱ったことに、未だに怒りを禁じえない。

今日の児童養護施設には、私どもの想像を超えた深くて重い体験をした子どもたちがやってくる。施設は大人への信頼を取り戻し、不当に扱われた子どもに正当な扱いを回復する場としての役割を担っている。これまで社会的養護の子どもたちの実態が一般社会に発信されることはなく、子ども時代を取り戻す回復の様子が、公に語られることもほとんどなかった。それは子どもたちの尊厳を守る視点から、日々のいとなみを社会化することをタブーとしてきたからといえる。その是非はともかく、黙して語らずの姿勢が、施設への無理解と偏見を助長してきてしまったのだとしたら、悔やんでも悔やみきれない。だが、少なくとも養育ビジョンに関わった有識者にあっては、批判する前に子どもの養育を担う現場に学び、関係者の声に耳を傾ける必要があったのではないだろうか。国家レベルで家庭養育を求める子育て文化の醸成に時間をかけずして大事な課題を素通りしてしまったことに、誰が責任をとるのか。今、このツケを払っているのは子どもたちであることを知るべしである。このまま養育ビジョンが求める枠組みを進めると、必ず行き場を失う子どもたちを生むことになる。多様なニーズに対応できるよう多様な受け皿を用意することは、社会の責任である。養育ビジョンで新しい養育を謳ってから7年、子どもの育ちを語るはずだった有識者はいない。子どもたちが権利の主体であるという我が国の子ども文化は、いつになったら国民の総意となるのだろうか。

## 7　子どもたちの最善の利益

2008年、全国児童養護施設協議会は、養育報告書「この子を受けとめて、育むために～育てる・育ちあういとなみ～」をまとめた。その中には、養育とは、子どもが自分の存在について「生まれてきてよかった」と意識的・無意識的に思い、自信をもてるようになることを基本の目的とする、とある。さらに《社会的養護は養育のいとなみ》である、と明記しているのである。

近年の入所ケースは一つひとつが重篤であり多様化している。子どもたちの背景に複雑に絡んだ糸は、施設に入ったからといって簡単にほぐれていくわけではない。その一つひとつを丁寧に手繰り寄せながら解きほどく営み、個々の子どもがその発達過程で失った〈他者との関係性〉を回復すること、すなわち日々の暮らしを通して子どもたちの自己肯定に繋がるように丁寧に寄り添う姿勢が施設には求められているのである。

子ども時代に愛着関係を持てなかったことは、子どもにとって一番の不幸である。愛着障害という重い傷を癒すには根気強く向き合ってくれる大人の存在が必要である。本来、一番身近な大人（親）によって得られるはずの〈愛される行為〉が抜け落ちると、子どもは歩けなくなる。自己肯定ができず、他者との関係さえ上手く持てなくなるのである。生活で失ったものは、生活でしか取り戻せない。それは大人からの一方通行ではなく、暮らす子どもたちと一緒に創る生活を通して獲得できるものだと思うのである。言い換えれば、大人と紡ぐ子どもたちの主体的な生活参加、そのいとなみを通して醸成されていく施設文化こそが、やがて養育や権利擁護の質を担保することに繋がると信じるのである。その日常が、職員・施設の養育に対する感性を育み、子どもの権利を守ることに繋がるはずだと信じるのである。

施設には、時折、かつての子どもたちがやってくる。施設で過ごした子ども時代を確認しているかのようである。施設で生活した時間の長短に関わらず、私どもは、あの時代の立会人であり証言者なのである

## 8　おわりに

「児童福祉法で日本の子どもたちは守られてきたのか」とあえて申し上げたい。養育とは、形や仕組みで成立するほど単純なものではない。そこには子どもの数だけの養育が求められているのである。多様性の時代を迎えて、その多様性に応えうる施設職員の専門性は必須要件である。人が育つ人権感覚（感性）を備えた養育環境を担保する施設づくりが求められている。それこそが施設の専門性だと思うのである。だが現状では、複雑で重篤な背景を抱える子どもたちに寄り添う職員の配置数は、決定的に少ないと筆者は思っている。子どもが育つということに、人の尊厳を守る質を目指した制度や仕組みを早急に用意することこそが、子どもの最善の利益を守ることになるのではないだろうか。

先述したように、我が国は、権利条約批准から20年余を経て児童福祉法の理念に「子どもの最善の利益」を掲げた。社会の総意として、子どもを真ん中に据えて子どもの幸せを考えることは、国家や国民の責任である。全ての子どもたちの最善の利益を求める児童福祉法ならば、何処で生活していても平等に育ちを保障されることが、大前提にあるはずである。このままだと養育ビジョンの主役は、子どもではなかったことになるのではないだろうか。

注

※1　1997年の児童福祉法改正は、児童の自立を支援することを明確にして〈養護施設〉の名称を〈児童養護施設〉に変更した。本稿では、時代を背景にした名称使用としている。

※2　全国児童養護施設協議会による基礎調査より

※3　イギリスから伝わった福祉の考え方（政治的な意図があったといわれる）

※4　『戦争孤児たちの戦後史1総論編』吉川弘文館

※5　児童養護施設の養育形態：大舎制（20名以上）、中舎制（13名〜19名）、小舎制（小舎A9名〜12名、小舎B8名以下）

※6　冠婚葬祭や長期出張、病気入院や次子出産などの時に子どもを預かるショート・ステイ事業や残業などの時に利用できるトワイライト・ステイ事業などの基礎自治体事業

# 『やさしくわかる!愛着障害』
## ―理解を深め、支援の基本を押さえる

米澤好史 著
ほんの森出版、159頁、1980円

評者▼奥山留美子
山形県福祉教育・ボランティア研究協議会

筆者は赤ちゃんから大人までのトータルな発達支援と現場主義をモットーに、学校園所等のこどもの現場に直接出向き、助言・支援をしている。この本が初版からわずか数年で8版を重ねているのは、それだけ現代の課題の1つとなっていることがわかる。

教育・保育・福祉・育児の現場で、さまざまな行動の問題があり、その対応や支援、指導に困難を極める「気になる子」が増えている。こうした子どもたちを理解するためには愛着の問題を抱える子ども、愛着障害という視点が必要だという。愛着とは「特定の人に対する情緒的絆」のことで、子どもにとって、恐怖や不安から守ってくれる（安全基地機能）、そこにいくと落ち着く、ほっとする（安心基地機能）、そこから離れても大丈夫で、離れて行ったことを報告して認めてもらう（探索基地機能）の3つの機能がある。

この絆が育っていない問題が愛着の問題だが、一方で、育て方の問題という誤解や生んだ母親の責任であるとする誤解や偏見も多く、正しく愛着の問題を理解した子どものかかわりが行われていない場合が多いという。このような誤解が、愛着の問題に気づいても親の領域には立ち入れないと思って支援できずにきた原因で、親自身も自分の子育てについて他者から指摘されたくないという「自己防衛」の気持ちが生じやすく、支援を困難にしている。

しかし、愛着修復は「いつでも・だれでも」その子に深くかかわるチャンスのある人なら可能だという。さらに現場での問題を複雑化しているのは、愛着障害と発達障害との混同・混乱だと指摘している。

本書には、愛着の問題チェックリストなど、現場目線で具体的な解説がなされている。目の前の子どもに悩む人に切望される一冊である。

# 『こんにちは、民生委員です。』

鶴石悠紀 著
幻冬舎、262頁、1200円

評者▼馬川友和
北海道民生委員児童委員連盟

子どもたちの見守り役、地域の身近な相談相手として知られる民生委員児童委員（以下、「民生委員」）。民生委員制度は100年以上の歴史があり、今年は主任児童委員制度創設30周年という節目の年でもある。しかし、令和4年12月の一斉改選では定数に対する欠員率が6・3％を数えた。なり手不足がこれまでになく深刻化している状況にある。

そもそも民生委員は、どのような立場であるのか、地域においてどのような活動をしているのか、どのような苦労や喜びがあるのか。それらの実態を具体的に理解している人はどれくらいいるだろうか。本書はそれらについて、実に具体的に生々しく描写している。

とある一人の民生委員が委嘱を受けてからの3期（9年間）の活動を描いたフィクション作品ではあるも、著者自身が現役の民生委員（発行当時）であるため、リアリティが尋常でなく、関係者が読めば決して誇張した内容ではないことが分かる。災害時の要援護者支援について、行政より提供された避難行動要支援者名簿は実際に自らが訪問して得た状況と乖離があるため、日常的な活動として足で対象者の情報把握することの重要性や、発災時は高齢者や障がい者だけでなく子どもや子育て家庭にもしっかりと目を向けるべきであるとの見解を示すなど、活動全般にわたって民生委員として、そして生活者の視点でも地域に必要なことを見つめ、謙虚な姿勢で想いを書き綴っている。

さらに、本書は民生委員として関わるさまざまな地域福祉活動や個別支援事例などのエピソードを通じて、民生委員法の理念や解釈、関係法令等の制度的な背景をしっかりと解説している。民生委員の理解を深めたい、協働したいという学校関係者や福祉専門職には、特に手に取っていただきたい正に教科書のような一冊である。

# 『ほんとうの多様性についての話をしよう』

サンドラ・ヘフェリン 著
旬報社、204頁、1760円

評者▼ 小林洋司
日本福祉大学社会福祉学部

本書は、多様性（ダイバーシティ）に関わって、その実態と課題、そして考え方について問題提起しようとする書籍である。

「障害は個性」「価値観や考え方はひとそれぞれ」、そして「多様性の尊重」。わたしたちは、自分が他者と異なる事実や考え方についてさまざまな言葉を用いて表現し、理解しようとしてきた。しかし、そうした理解の仕方や、具体的な行動そのものについてはあまり疑念をもたずに過ごしてきたのかもしれない。本書の著者は、そうした状況を問い直しつつ「ほんとうの多様性」に接近するための認識・考え方について提起する。

評者自身、本書を手に取ったのは、ゼミの学生が、「現代の若者の友人関係が多様性尊重という言葉の中で分断されているのではないか」ということに疑問をもち、卒業論文を執筆していたその参考文献として挙がっていたことがきっかけであった。それまでは多様性の尊重が「乱発」されることについて漠然とした違和感だけを感じているだけであったが、学生にとっても違和感を感じることがあるのだと改めて考えさせられた。

ヘフェリンは、本書のなかで多様性について以下のように述べている。

『「あなたは違うから、私たちと同じことはできないよ、だから別の場所に行ってね」ではなく、「あなたは私たちとは違うけど、あなたの声を聞きたいと思っている。そしてあなたと同じような立場の人の声ももっと聞きたいと思っている。居心地が良いと思えるために、私たちも最善を尽くすから一緒にやっていこうね」ということ』（201頁）

日常における多様性という言葉の使い方や振る舞いについて考えさせられるメッセージである。多様性の尊重とはなにかについて日頃からもやもやしている方には気軽に一読いただきたい一冊である。

# 『ぼくは福祉で生きることにした』

## ――お母ちゃんがくれた未来図

河内崇典 著
水曜社、208頁、1650円

評者▼ 髙木 諒
愛知県立古知野高等学校

本書を読み終えた瞬間、思わず自分と福祉との邂逅の瞬間を思い返していた。福祉に携わる者の数だけ、福祉との運命的な出合いがあるのではないだろうか。

著者の河内崇典氏は、大学生の頃、ひょんなことから障害をもつ男性の介助に携わり、その男性の「お母ちゃん」との出会いで人生が一変した。この出会いをきっかけに、障害児者・子ども・若者の支援活動や社会福祉領域を中心に20以上の事業を展開していく。

しかし、本書は単なる著者のサクセスストーリーではなく、むしろ今日に至るまでの紆余曲折や葛藤、著者の心の動きまでが赤裸々に語られている。時間をかけて構想を練り上げた事業でも、いざ始めてみると対象者のニーズとずれていたり、思いもよらない問題が生じたり…評者も思わず共感の言葉を発しながら読み進めた。

評者は普段、高校の現場で介護福祉士を目指す高校生たちを指導している。彼らは、「介護職員として働く家族の姿に憧れを抱いて」、「職場体験で高齢者のデイサービスを訪れて」など、それぞれがもつ福祉との接点をもとに、高校で福祉を学ぶ選択をした。

入学後は、介護実習やボランティア活動などを通じて様々な他者と出会い、得られた気付きから考察を深め、実践を重ねている。これらの経験が人生の原点となり、卒業後には多くの生徒が福祉・介護の現場に飛び込んでいく。彼らもまた、著者のように自分一人では立ち行かない状況に逡巡し、葛藤を重ねていくのであろう。

著者は学生に向けて『職』や『業』が決まっていないからこそ、本物にふれ、いろんな人や社会にふれ、福祉はもちろんさまざまな社会課題と出合ってほしい」とメッセージを贈っている。評者もそのような機会を設定し、生徒に多様な学びを提供できる教育者であり続けたいと決意を新たにした。

## 季刊『ふくしと教育』のご案内

◆『ふくしと教育』のミッション◆
「ふだんのくらしのしあわせ」をつくる・まもる・つなぐ
「福祉と教育のプラットフォーム」になる。

「福祉と教育のプラットフォーム」へようこそ！
『ふくしと教育』は、様々な視点からの交流を大切なものと考え、6 つのアプローチからテーマに迫ります。

| | | |
|---|---|---|
| アプローチ1 | 実践に活かす方途を見いだす | 《論考・調査・報告》 |
| アプローチ2 | 導入のヒントを得る | 《実践事例》《NPO/ 社会福祉法人の挑戦》 |
| アプローチ3 | 学校現場のリアルを可視化する | 《わたしの指導案》<br>《子どもを育む多職種協働》《高大連携事業》 |
| アプローチ4 | 学びの多様性から福祉と教育の接近性を吟味する | 《ふくし原論》《ふくし最前線》 |
| アプローチ5 | 特集テーマの広がりを捉える | 《図書紹介》《イベント・動向》 |
| アプローチ6 | 「ふくし」の問いを当事者との対話から深める | 《ふくし対話「この人と語る」》 |

**仕様** B5 変形判　80 頁（本文タテ組）
**価格** 1210 円（本体価格 1100 円＋税 10%）
年間購読料 4840 円（税込）

**発行** 通巻 39 号：６月１日
通巻 40 号：９月１日
通巻 41 号：12 月１日
通巻 42 号：2025 年３月１日

### 2024（令和6）年度のラインアップ

※特集テーマ、内容構成などを変更する場合があります。

介護、障害、子育て、生活困窮など私たちの身近にある社会課題にどのように挑戦していますか。認知症カフェ、子ども食堂、伴走支援、サードプレイス、NPO や社会福祉法人の創設など、我が事として捉えられるようになり、誰もがもっている自分自身の「リーダーシップ」に気づき、育て、支えあえるようになることを願います。福祉にも教育にも「インクルーシブ」が問われています。共生社会への新しい地平が見えてきます。

●通巻 39 号
特集　地域を共創する

●通巻 40 号
特集　多様性に生きる

●通巻 41 号
特集　若者が輝くまち

●通巻 42 号
特集　私の居たい場所

## 巻末言

新聞に虐待や戦争の記事が載らない日はない。毎日のように多くの子どもたちが犠牲になっている。なぜ子どもたちを暴力から守っていけないのか。これが今の日本・世界の現実だと思うと暗澹たる思いがする。

こども家庭庁の創設やこども基本法が施行されることは非常に重要なことであり、解決の方法のひとつであることは間違いないが、生活の場である社会の実態はどうであろうか。生きづらさは、法律や制度だけでは解決できない。寄り添い伴走する専門職、緩やかなつながりをもって懐を深く接する市民などそれぞれの役割、それぞれの現場での不断の実践しかないのであろう。

ふくし最前線で「子どもたちが権利の主体であるという我が国の子ども文化は、いつになったら国民の総意となるのだろうか」という桑原氏のメッセージを重く受け止め、実践と学びを広げ深めていくことが必要であろう。

（編集長・渡邊一真）

---

### 『ふくしと教育』2023年度のラインアップ

● 通巻35号　特集　（2023年6月1日発行）
**学校でアプローチする「ふくし」探究学習**

現在の学習指導要領の核心の一つが「探究」学習です。多くの教科目での対応が期待される中で、「ふくし」的観点からの様々な探究学習を提示します。子どもを育む多職種協働の実現による取組から考えます。これから導入する学校への実践モデルをめざします。

● 通巻36号　特集　（2023年9月1日発行）
**コロナ社会のふくしボランティア学習の価値**

新型コロナウイルス感染症のパンデミックの中で、福祉やボランティアは、どのような状況であったのか、コロナ禍の見えていなかった現場を振り返ります。福祉教育・ボランティア学習の本質や価値を問い直し、ウイズコロナ社会における「ふくしボランティア学習」を展望します。

● 通巻37号　特集　（2023年12月1日発行）
**重層事業と地域共生社会をめざす福祉教育**

2017年の社会福祉法改正において新たに創設された重層的支援体制整備事業（重層事業）を通して、これからの地域共生社会をめざす福祉教育を考えます。重層事業では、従来、分野ごと（介護・障害・子育て・生活困窮）に行われていた相談支援や地域づくりを一体的に行います。

● 通巻38号　特集　（2024年3月1日発行）
**子どもの権利をどう守るか《こども家庭庁始動》**

子ども権利条約の「子どもの最善の利益」を考えます。こども家庭庁は、子ども政策を一元的に集約する「企画立案・総合調整部門」、子どもの安全・安心な成長のための政策立案を担う「生育部門」、虐待やいじめ、ひとり親家庭など困難を抱える子どもや家庭の支援にあたる「支援部門」の3部門からなります。子どもの権利を擁護する現場の声を聴き取ります。

定価1210円（本体価格1100円＋税10%）　年間購読料4840円（税込）　送料無料

---

ふくしと教育　通巻38号
子どもの権利をどう守るか《こども家庭庁始動》

2024年3月1日発行

監　修　日本福祉教育・ボランティア学習学会
　　　　Socio-education and Service Learning

編集長　渡邊一真
発行人　奥西眞澄
発行所　大学図書出版
　　　　〒102-0075　東京都千代田区三番町14-3　岡田ビル4F
　　　　TEL：03-6261-1221　FAX：03-6261-1230
　　　　https://www.daigakutosho-gr.co.jp
発売所　株式会社教育実務センター
　　　　TEL：03-6261-1226　FAX：03-6261-1230
印刷所　精文堂印刷株式会社

ISBN 978-4-902773-91-0　C3036　Printed in Japan